Hello Kitty

캐릭터 소개　헬로키티

헬로키티 Hello Kitty

- **이름** 키티 화이트
- **태어난 곳** 영국 교외
- **혈액형** A형
- **몸무게** 사과 3개
- **좋아하는 음식** 엄마가 만들어준 애플파이
- **좋아하는 과목** 음악과 영어
- **생일** 11월 1일
- **가족** 아빠, 엄마, 쌍둥이 동생 미미
- **키** 사과 5개
- **매력 포인트** 엄마가 해준 왼쪽 귀의 리본이 트레이드 마크
- **좋아하는 것** 피아노 연주, 쿠키 만들기
- **장례희망** 피아니스트 또는 시인

사과 5개를 쌓은 높이의 키와, 사과 3개 정도의 몸무게가 나가는 헬로키티는 밝고 상냥한 여자아이에요. 쿠키를 만들고 피아노 치는 것을 가장 좋아하며, 피아니스트와 시인이 되는 것이 꿈이에요. 특기는 음악과 영어. 좋아하는 음식은 엄마가 만들어준 애플파이. 쌍둥이 동생 미미와 가장 친하답니다.

미미 Mimmy

- **이름** 미미 화이트
- **생일** 11월 1일
- **태어난 곳** 영국 교외
- **가족** 아빠, 엄마, 쌍둥이 언니 키티
- **혈액형** A형

헬로키티의 쌍둥이 여동생. 내성적이고 수줍음이 많은 성격이예요. 헬로키티와 구분할 수 있도록 오른쪽 귀에 리본을 달고 있어요.

다니엘스타 Daniel Star

- **생일** 5월 3일
- **특기** 댄스, 피아노
- **태어난 곳** 영국 런던
- **가족** 엄마, 아빠, 남동생
- **취미** 동물 사진 찍기
- **좋아하는 음식** 치즈케이크와 요구르트

헬로키티의 남자친구이며 어릴 때부터 함께한 소꿉친구. 나란히 서 있는 앞머리가 트레이드 마크로 작은 것에도 감동하는 천진난만하고 센티멘탈한 성격이에요. 카메라로 동물 찍는 것을 좋아하며, 카메라맨인 아빠를 따라 아프리카에 간 다니엘은 세계를 돌아 뉴욕에서 헬로키티를 다시 만났어요. 장래희망은 카메라맨이나 연예계에 데뷔하는 것이에요.

캐릭터 소개 | 헬로키티

아빠 Papa
- **이름** 조지 화이트
- **생일** 6월 3일

헬로키티의 아빠. 항상 가족들을 생각하는 멋진 아빠, 조금 엉뚱하지만 넉살 좋은 유머감각의 소유자.

엄마 Mama
- **이름** 메리 화이트
- **생일** 11월 14일

매우 상냥한 헬로키티의 엄마. 요리, 청소, 세탁하기를 즐긴답니다. 애플파이 만들기의 달인.

할아버지 Grandpa
- **이름** 안소니 화이트
- **생일** 10월 25일

헬로키티의 할아버지. 취미는 그림 그리기, 만물박사이신 할아버지는 재미있는 옛날이야기를 해 주세요.

할머니 Grandma
- **이름** 마가렛 화이트
- **생일** 3월 31일

헬로키티의 할머니. 할머니가 만들어 주신 푸딩은 최고. 흔들의자에 앉아서 자수 놓는 것을 가장 좋아하세요!

토마스
Thomas
재미있는 농담으로 모두를
즐겁게 해주는 곰 친구예요.
(남자아이)

티피
Tippy
힘세고 상냥한 곰 친구예요.
(헬로키티의 남자친구 자리를
노리고 있답니다.)

피피
Fifi
수다 떠는 걸 좋아하는
깜찍한 양 친구예요.

트래시
Tracy
장난꾸러기 너구리 친구예요
반에서 가장 에너지가
넘쳐요.

로티
Rotty
로리의 언니.
노래를 잘해요.
느긋한 성격.

로리
Rorry
헬로키티에게 숲속의
비밀을 알려주는
다람쥐 친구예요.

조디
Jodie
공부하는 것을 매우 좋아하는
박식한 강아지 친구예요.
장래희망은 연구자라고
하네요.

조이
Joey
헬로키티와 가장 친한
친구예요. 같은 반이라 매일
함께 놀고, 좀 덜렁대지만
달리기를 아주 잘해요.

주디
Judy
조이의 여자친구.

팀과 타미
Tim&tammy
모두와 함께 노는 것을
좋아하는 원숭이 남매.

모리
Mory
헬로키티의 집에
살고있어요.
수줍음이 많은
두더지 친구예요.

캐릭터 소개 | 헬로키티

타이니참 Tiny Chum

성별 남자 곰　**생일** 10월 27일

아빠가 뉴욕에 출장 간 동안 헬로키티 가족의 집에서 살게 됐어요. 남자아이지만 좋아하는 헬로키티를 따라 리본을 달고 있어요. 헬로키티를 많이 좋아하기 때문에 무엇이든지 헬로키티를 따라해요. 타이니참의 리본은 헬로키티가 선물로 준 거에요. (헬로키티와 같은 리본으로 우정의 증표?!) 6쌍둥이 (타이니참, 타이니라벤더, 타이니그린, 타이니핑크, 타이니크림, 타이니블루)

타이니라벤더
Tiny Lavender
스포츠를 좋아하는
활동적인 소년.

타이니그린
Tiny Green
느긋하고 조용한 소년.

타이니핑크
Tiny Pink
유일한 소녀, 솔직한 성격.

타이니크림
Tiny Cream
약간 아기 같아요.

타이니블루
Tiny Blue
항상 웃고 친절한 소년.

My Melody

캐릭터 소개 | 마이멜로디

마이멜로디 My Melody

- **생일** 1월 18일
- **태어난 곳** 마리랜드에 있는 숲
- **키** 숲에 있는 빨갛고 하얀 물방울 모양의 버섯과 비슷한 정도
- **가족** 할머니, 할아버지, 엄마, 아빠, 남동생 리듬
- **좋아하는 음식** 아몬드 파운드케이크
- **취미** 엄마와 함께 쿠키 굽기

마이멜로디는 밝고 명랑하며 남동생을 아끼는 여자아이에요. 마이멜로디의 보물은 할머니가 만들어준 귀여운 두건이랍니다.

리듬 Rhythm

마이멜로디의 남동생. 장난기 많은 개구쟁이.

엄마 Mama

손재주가 좋은 마이멜로디의 엄마. 특기는 베이킹과 공예품 만들기.

아빠 Papa

듬직하고 친절한 마이멜로디의 아빠.

할머니 Grandma

모르는 것이 없는 지혜로운 마이멜로디의 할머니.

할아버지 Grandpa

모험을 좋아하는 마이멜로디의 할아버지.

캐릭터 소개 　마이멜로디

플랫 Flat
조금은 부끄럼쟁이인 마이멜로디의 단짝 친구 (베프)

다람쥐 Squirrel
플랫과 친한 사이인 다람쥐 친구. 조금 부끄럼쟁이.

마이스윗피아노 My Sweet Piano
마이멜로디의 친구. 상냥하고 어리광이 많은 여자아이에요.

곰 Bear
힘이 세고 먹보인 곰 친구.

여우 Fox
재미있는 놀이를 좋아해요.

라쿤 Raccoon
깔끔한 것을 좋아하고 눈치가 빠름.

코끼리 Elephant
물놀이를 매우 좋아해요. 모두에게 오빠 같은 존재.

캥거루 Kangaroo
늘 이야깃거리가 끊이지 않는 캥거루 친구.

고슴도치 Hedgehog
느긋한 성격의 고슴도치 친구.

두더지 Mole
눈에 띄는 걸 수줍어하는 소심한 성격이지만 무엇이든지 열심히 하는 친구.

캐릭터 소개 | 마이멜로디

부엉이 아저씨 Fukurou
마리랜드에 대한 것이라면 뭐든지 알고 있는 똑똑한 아저씨.

새 Bird
멋진 노래를 들려주는 새 친구.

나비 Butterfly
꽃밭으로 안내해 주는 친구.

오리 가족 Duck Family
밝고 떠들썩한 오리 가족. 물놀이를 가장 좋아합니다.

Kuromi

캐릭터 소개 | 쿠로미

쿠로미 Kuromi

- **생일** 10월 31일(할로윈)
- **취미** 일기 쓰기
- **매력 포인트** 검은색 두건과 핑크색 해골
- **좋아하는 색** 검은색
- **좋아하는 음식** 락교

자칭 마이멜로디의 라이벌인 쿠로미. 짓궂을 때도 있지만 사실은 여린 감성의 소유자. 검은색 두건과 핑크색 해골이 포인트랍니다. 취미는 일기 쓰기. 잘생긴 남자 애를 좋아하고 최근에는 연애 소설에 빠져있어요. 좋아하는 색은 검은색이고 좋아하는 음식은 락교에요.

바쿠 Baku

- **생일** 2월 29일
- **성별** 남자
- **좋아하는 음식** 다코야끼와 야키토리(꼬치 음식은 무엇이든), 검은 악보

쿠로미의 부하. 쿠로미를 태워서 하늘을 날아다녀요. 인내심이 많고, 쿠로미가 괴롭혀도 화내지 않아요. 1km 반경 내의 꿈을 냄새로 알아챌 수 있고, 꿈의 주인을 찾아내는 능력이 있어요. 트로트와 유행하는 가요를 좋아합니다.

Cinnamoroll

캐릭터 소개 **시나모롤**

시나모롤 Cinnamoroll

- **생일**: 3월 6일
- **사는 곳**: 수크레 타운에 있는 '카페 시나몬'
- **특기**: 큰 귀로 하늘을 나는 것
- **좋아하는 것**: '카페 시나몬'의 유명한 시나몬 롤, 코코아
- **매력 포인트**: 큰 귀와 시나몬롤처럼 돌돌 말려있는 꼬리
- **성별**: 남자
- **가족**: 카페 시나몬을 운영하는 누나
- **취미**: 카페테라스에서 낮잠 자기

시나모롤은 먼 하늘 구름 위에서 태어난 강아지예요. 어느 날 하늘에서 하늘하늘 날아오던 시나모롤을 '카페 시나몬'의 주인 누나가 발견해 함께 살게 되었어요. 꼬리가 마치 시나몬롤처럼 둘둘 말려있어서 '시나몬'이라고 이름이 붙여졌어요. 지금은 카페를 대표하는 간판 강아지로 활약 중이지요! 특기는 큰 귀를 파닥파닥 해서 하늘을 나는 일! 얌전하지만 붙임성이 좋아 손님들의 무릎 위에서 자버리기도 한답니다.

*시나몬은 왼손잡이 (악기연주시 제외) *카페 시나몬은 애완동물 OK. 손님들과 함께 놀러오는 강아지들과는 이미 친구예요.

카푸치노
Cappuccino

생일	6월 27일
성별	어린 남자 강아지
사는 곳	카페 시나몬 건너편에 빨간 지붕이 있는 집
취미	시나모롤과 낮잠 자기
매력포인트	카푸치노 크림이 묻은 것처럼 입가가 하얀 것
좋아하는 것	몽블랑, 밤나무의 밤, 낮잠

느긋하고 성격이며, 먹는 것을 좋아해요. 시나모롤의 가장 친한 친구이며 낮잠 꾸러기로, 자고 있을 때 이름을 부르면 대답으로 꼬리를 흔들어요!

에스프레소
Espresso

생일	12월 4일	성별	어린 남자 강아지
사는 곳	공원 근처에서 가장 큰 집	특기	영어
매력포인트	기품이 넘치는 모차르트 헤어 모양의 귀		
좋아하는 것	크렘브렐레, 편안한 담요, 책		

부잣집의 아주 똑똑하고 영리한 강아지.(도련님 캐릭터) 강아지 콘테스트에서 우승한 적이 있어요. 에스프레소가 소중히 여기는 강아지 담요 없이는 잠을 잘 수 없어요. 취미는 트랜디한 차를 타고 주인과 함께 드라이브를 하는 것. 주인은 여배우라서 카페에는 몰래 정기적으로 오고 있답니다.

캐릭터 소개 **시나모롤**

모카 Mocha

생일	2월 20일
성별	어린 여자 강아지
사는 곳	언덕 위의 하얀 집
취미	주인 언니와 카페에서 수다 떨기
매력포인트	매일 빗질하고 있는 윤기나는 초콜릿색의 털, 꽃 머리 장식
좋아하는 것	체리나 크랜베리가 있는 과일 타르트, 초콜릿, 리본과 귀여운 악세서리들

멋쟁이이고, 수다 떠는 것을 좋아해요. 모두의 누나/언니 같은 존재이며, 매우 친절하고 주위를 잘 돌보는 성격이에요.

쉬폰 Chiffon

생일	1월 14일
성별	어린 여자 강아지
사는 곳	우거진 녹지공원 인근
취미	주인언니와 함께 공원에서 달리는 것
매력포인트	시폰 케이크처럼 푹신푹신한 귀
좋아하는 것	솜털 시폰 케이크, 공원에 피는 계절 꽃

언제나 활기차고 자잘한 일은 신경 쓰지 않는 분위기 메이커. 특기는 항상 재미있는 놀이를 생각해 내는 것이에요. 취미는 주인 언니와 함께 공원에서 달리는 것.

밀크 Milk

생일	2월 4일
성별	어린 남자 강아지
사는 곳	공원 근처 굴뚝이 있는 집
특기	우유 한 번에 마시기
취미	시나모롤을 따라 카페 일 돕기 (실수투성이이지만;;)
매력포인트	이마 위의 배냇머리, 사랑하는 쪽쪽이
좋아하는 것	우유, 쪽쪽이, 시나모롤

시나몬프렌즈의 막내인 응석꾸러기. 제일 좋아하는 쪽쪽이가 없으면 금방 울어요. 밀크는 아직 너무 어려서 할 수 있는 말은 "Baboo:" 뿐이에요. 최근에 두 발로 설 수 있게 되었지만, 가끔은 아주 천천히 아장아장 걸어요. 시나모롤을 좋아해서, 언젠가는 시나모롤처럼 하늘을 날고 싶어 해요.

작은 새들 Little Birds

작은 새들은 종종 카페로 놀러 옵니다. 그들은 공원 내에 있는 사과나무 안에 살고 있으며, 시나모롤과 함께 "스카이워크"를 걷는 것을 좋아해요.

코코 Coco

생일	7월 25일
성별	남자

카푸치노의 남동생이자 넛츠와 쌍둥이. 코코가 형이에요. 늘(때로는 너무...) 활기차고, 항상 웃어요. 코코에게는 모든 것이 재미있어요.

넛츠 Nuts

- **생일** 7월 25일
- **성별** 남자

카푸치노의 남동생이자 코코와 쌍둥이. 넛츠가 동생이에요. 겁에 질린 고양이처럼 항상 자신만의 세계에 빠져있어요. 먹는 것을 좋아하고 카푸치노와 함께 잠드는 것을 좋아해요. (잠꾸러기)

포롱 Poron

유니콘 코르네를 타고 온 여자 강아지. 시나모롤과 똑같은 파란 눈동자를 하고 있으며, 구름같이 폭신폭신한 귀와 하늘색 리본이 매력 포인트예요.

코르네 Corune

- **좋아하는 음식** 스타더스트

구름 위에 살지만, 초승달이 뜰 때 공원 분수와 꽃밭에서 놀기 위해 지구로 종종 내려옵니다. 순수한 마음을 가진 아이들만이 코르네를 볼 수 있어요. 초코 소라빵처럼 빙글빙글 감겨있는 뿔과 곱슬곱슬한 갈기가 매력 포인트. 시공을 초월해서 과거나 미래, 동화책의 세계로 가는 것이 가능한 시공을 여행하는 존재.

Pompompurin

캐릭터 소개 | 폼폼푸린

폼폼푸린 Pompompurin

- **생일** 4월 16일 날씨가 좋은 날
- **사는 곳** 주인 누나 집 현관에 있는 푸린용 바구니
- **좋아하는 말** 외출 (나가자~)
- **취미** 신발 모으기 (주인 아빠의 가죽 신발, 엄마의 샌들 등 한 짝씩 몰래 숨기기)
- **특기** 낮잠, 푸린 체조, 누구든지 친해지는 것
- **좋아하는 음식** 우유, 푹신푹신한 것, 엄마가 만들어주는 푸딩

폼폼푸린은 짙은 갈색의 베레모가 트레이드마크인 골든리트리버랍니다. 좋아하는 말은 '외출'이고 싫어하는 말은 '혼자 집 지키기'이지요. 취미는 신발 모으기로 주인인 아빠의 가죽 신발, 엄마의 샌들을 한 짝씩 몰래 숨겨 둔답니다. 우유와 푹신푹신한 팬케이크, 엄마가 만들어주는 푸딩을 가장 좋아해요. 특기는 낮잠과 푸딩 체조예요. 누구와도 잘 친해지며, 주인 누나의 집 현관에 있는 푸린용 바구니에 살고 있어요. 푸린의 꿈은 점점 더 커지는 것이라고 하네요.

아빠 Papa
농담을 좋아하는 아빠의 직업은 탐정.

엄마 Mama
케이크 가게에서 일하는 엄마.

마카롱 Macaron

- **생일** 3월 3일
- **사는곳** 푸린 집 근처 미용실

꾸미는 것을 좋아하는 멋쟁이 골든리트리버의 여자 아이. 곱슬곱슬한 모습의 푸들 스타일을 동경하고 있어요. 마카롱은 그런 푸들과 같이 곱슬거리는 자신의 털과 큰 눈에 자부심을 갖고 있어요. 작고 귀여운 악세서리들을 모으고 있고, 큰 리본을 좋아해요. 가끔 변화를 주기 위해 안경을 착용하기도 한답니다.

커스터드 Custard

- **생일** 5월 15일
- **사는 곳** 높은 나무 위

느긋한 성격으로 모두를 평화롭고 행복하게 만들어 주는 새 친구. 두 개의 머리카락이 커스터드의 매력 포인트에요. 친구들의 이야기를 잘 들어주며, 가끔 친구들에게 네잎 클로버를 찾아서 준답니다. 취미는 행복을 찾아 여행을 하는 것이지만, 사실 푸린의 모자 위에 있을 때가 가장 행복하대요. 나중에 크면 구름 위에서 사는 것이 꿈이에요.

코코넛 Coconut

- **생일** 7월 2일
- **사는 곳** 남쪽의 열대 섬

밝고 활기찬 원숭이 남자아이. 폭풍우가 지나간 후, 코코넛 주스를 마시며 무지개를 보는 것을 좋아해요. 큰 나무를 잘 기어오르며, 취미는 훌라춤과 음악에 맞춰 마라카스를 흔드는 것이에요.

시럽 Syrup

- **생일** 4월 6일
- **사는 곳** 음료 받침대

여름을 좋아하는 갈매기 친구. 수줍고 내성적인 성격이지만 친절하며 남을 잘 챙긴답니다. 푸린이와 머핀, 그리고 스콘과 친구이며, 여름을 좋아하고 사람들을 관찰하는 것을 좋아해요. 큰 날개가 포인트이고, 먼 곳까지 날아갈 수 있어요.

휘프 Whip

- **생일** 6월 16일
- **사는 곳** 아주 추운 어느 곳의 이글루
  (여름방학 동안은 푸린이네 집에서 머무름)

조용하지만 어리광부리는 펭귄 친구. 항상 푸린 옆에서 발견할 수 있어요. 취미는 춤을 추는 것과 배로 미끄럼 타는 것이에요.

캐릭터 소개 | 폼폼푸린

머핀 Muffin

생일 9월 16일 **사는 곳** 폼폼푸린네 옆집

무엇이든 갉아 먹어버리는 재빠른 햄스터 친구. 먹는 것을 좋아하며, 맛있는 건 뭐든 씹어 먹어요! 취미는 견과류를 까는 것, 그리고 푸린의 모자 안에 숨는 것이에요.

스콘 Scone

생일 2월 16일 **사는 곳** 빨간 장화

무엇이든 열심히 하며 친절하고 똑 부러지는 쥐 친구. 옥수수 먹기 대회에 나가는 것이 취미이며, 꼬리로 밤을 주울 수 있어요.

베이글 Bagel

생일 8월 16일
태어난 곳 큰 나무가 있는 공원
사는 곳 푸린이네 주인의 큰 누나 집에 있는 빨간 우체통

활기찬 다람쥐 친구. 친절하지만 낯선 사람들 사이에서는 수줍어하는 성격이에요. 동그란 눈과 말린 꼬리가 매력 포인트랍니다. 요리하는 것을 좋아하며 특히 핫케이크를 잘 만들어요. 달달한 디저트들을 좋아합니다.

파우더 Powder

생일 어느 눈 내리던 12월 12일

사는 곳 빨간 지붕 집의 나무 깊숙한 곳

친절하지만 낯선 사람들 사이에서는 조금 낯을 가리는 토끼 여자아이. 파우더는 모두에게 큰 언니 같은 존재예요. (푸린을 몰래 짝사랑하고 있을지도...?) 솜털같이 하얀 귀는 파우더의 매력 포인트! 특기는 꽃으로 운세를 보는 것이며 꽤 잘 맞는답니다. 취미는 꽃밭을 걷는 것이에요.

타르트 Tart

생일 10월 10일 **태어난 곳** 숲속의 가장 큰 동굴

성격은 꽤 차분해 보이지만, 사실은 모험을 좋아하는 토끼 친구. 크게 늘어진 귀가 매력 포인트에요. 취미는 높은 곳에 오르는 것이며, 항상 숲속에서 연습하고 있어요. 특기는 재미있는 일을 찾는 것이에요.

민트 Mint

생일 비 오는 6월 6일 **태어난 곳** 공원의 연못

활발하고 승부욕이 강한 개구리 친구. 웃는 얼굴이 매력 포인트이며, 놀라운 점프 실력으로 누구보다 멀리 뛸 수 있어요. (민트 자신이 그렇게 믿고 있답니다.) 취미는 날씨 좋은 날에 걷는 것과 수영하기.

캐릭터 소개 　폼폼푸린

바닐라(북극곰) Vanilla

생일 1월 3일

사는 곳 휘프 옆 집에 있는 차가운 땅.

바닐라 아이스크림을 좋아하는 백곰 친구. 항상 활기차고 에너지가 넘치는 믿음직한 친구예요. 푸린이와 머핀, 스콘, 베이글, 휘프와 친구에요. 별을 보는 것을 좋아하며, 새로운 것을 발견할 때 즐거움을 느껴요. 그래서 오로라를 봤던 경험을 자랑스럽게 생각한답니다. 동그랗고 노란 코가 바닐라의 매력 포인트이며, 아이스크림들의 냄새를 다 구별할 수 있어요.

비스켓 Biske

생일 9월 30일　**태어난 곳** 이웃마을

쿠키와 쌍둥이 형제이며, 비스켓이 동생이에요. 장난꾸러기이며 모험심도 강하지만, 믿음직한 면이 있어요. 비스켓도 머핀의 어린 시절 친구랍니다.

쿠키 Cookie

생일 9월 30일　**태어난 곳** 이웃마을

비스켓과 쌍둥이 형제이며, 쿠키가 형이에요. 머핀의 어린 시절 친구랍니다. 응석쟁이이며, 모두를 따라다녀요.

Pochacco

캐릭터 소개 — 포차코

포차코 Pochacco

- **생일** 2월 29일 (윤년생)
- **성별** 남자
- **키** 바나나 아이스크림 라지 사이즈 컵 4개 정도
- **몸무게** 후와후와 타운의 당근밭에서 가~끔 수확되는 도깨비 당근 3개 정도
- **좋아하는 꽃** 연화초 (자운영 꽃)
- **취미** 걷기, 놀기
- **친구들** 가는 길에 만난 동물들
- **성격** 호기심이 많음, 참견하기 좋아함, 덤벙댐
- **매력 포인트** 아기 똥배
- **좋아하는 음식** 바나나 아이스크림
- **좋아하는 과목** 바나나 아이스크림을 더 이상 먹을 수 없을 때까지 먹는 것

호기심이 많고 산책을 좋아해요. 키는 포차코가 가장 좋아하는 바나나 아이스크림의 라지 컵 사이즈 4개 정도이며, 체중은 밭에 있는 도깨비 당근 3개 정도의 무게랍니다. 포차코의 주변에는 항상 친구가 많아요.

피짱즈 (피요, 피코, 피푸)
Piichans

생일 8월 1일

피요, 피코, 피푸의 세쌍둥이 병아리 자매. 포차코와 매우 친하다고 믿고 있고, 취미는 포차코 꼬리에 매달리기. 특기는 셋이서 내는 하모니로 사람들을 매료시켜요. 큰언니 피요는 수다쟁이이며 항상 재잘거려요. 둘째 피코는 분별력이 있고, 막내 피푸는 언니들을 따라가는 것을 어려워하고 조금 응석받이에요.

마임 Mime

생일 7월 31일 **성별** 남자

본인의 페이스에 맞춰 열심히 일하는 조용한 성취자인 거북이 친구. 종달새 피루루와 친구이며, 마임은 매우 천천히 움직이기 때문에 가끔 피루루의 도움을 받아요. 취미는 아침 일찍 산책하는 것. 하지만 도키도키 연못을 걷는 데에는 3시간이나 걸려요. 매우 아는 것이 많아 현지의 "교수"로 불린답니다.

토토라 Totora

생일 12월 10일

꼬마 남자 호랑이 친구

레이첼 Rachel

생일 2월 25일　**성별** 여자

우편물을 배달하는 스컹크 친구예요. 따뜻한 마음을 가졌으며, 에너지가 넘치고 항상 여기저기 날아다녀요. 자와자와 숲에 있는 모두가 레이첼의 친구이며 몬몬, 그리고 포차코와 친구랍니다. 취미는 새로운 춤 동작을 생각해 내는 것이고, 특기는 한 손으로 쉽게 설 수 있는 거예요!

스윔 Swim

생일 2월 7일　**성별** 남자

항상 행복한 스윔은 웃음이 많고 장난기가 많은 오리너구리 친구예요. 후와후와 타운의 모두가 친구이며, 특히 포플과 물고기 친구들과 친합니다. 취미는 날씨 좋은 날 물 위에서 떠서 일광욕을 하는 것이며, 친구들과 수다 떠는 것을 좋아해요. 특기는 모두를 행복하게 만드는 것이며, 또 스윔의 큰 입으로 무엇이든지 한입에 먹을 수 있어요.

쵸피 Choppi

생일 3월 22일　**성별** 남자

아기 같은 성격의 쥐 친구. 포차코와 절친이며 포차코가 안아주는 것을 좋아해요. 작은 체구임에도 먹는 것을 좋아해서 엄청 잘 먹어요. 점프가 특기이며, 달다구리들을 좋아한답니다. 쵸피가 제일 좋아하는 음식은 커스터드 크림이 들어있는 슈크림.

모구모구 Mogumogu

생일 9월 2일   **성별** 남자

햇빛을 싫어해서 그런지 항상 졸려 보이는 두더지 친구. 말을 많이 하지 않으며 태평하게 지내요. 지하에 있는 걸 좋아한답니다. 쵸피의 친구이며, 취미는 하루 종일 빈둥거리기. 특기는 지하에서 100m를 9초 안으로 이동할 수 있어요.

포플 Popple

생일 12월 18일   **성별** 남자

진지하고 어른스러우며 상냥한 도키도키 연못의 최우수 학생인 오리 친구예요. (하지만 한번 패닉에 빠지면 잘 빠져나오지 못해요.) 도치와 친구이며, 가끔 둘이서 도키도키 연못에서 달리기 경주를 한답니다. 취미는 청소와 쓰레기 줍기로 도키도키 연못이 깨끗한 것은 포플 덕분! 평소에는 차분한 하지만, 포플이 한번 소리치면 1km 떨어진 곳에서도 들을 수 있대요.

피루루 Piruru

생일 1월 28일   **성별** 여자

장난꾸러기 종달새 친구인 피루루는 친구들을 깜짝 놀래키는 것을 좋아해요. 그리곤 누가 그랬는지 눈치채기 전에 날아가 버린답니다. 마임과 친구이며, 마임의 등에 있을 때 집에 있는 편안함을 느낀대요. 취미는 정보를 모으는 것. 하늘에서 항상 많은 것들을 보고 있기 때문에 아무도 모르는 비밀들을 알고 있어요.

캐릭터 소개 포차코

도치 Docchi

생일 6월 30일 **성별** 남자

허당이고 장난꾸러기인 개구리 친구예요. 이것도 아니고 저것도 아닌 성격이 모두를 난처하게 하기도 해요. 포플과는 수영 친구. 춤추는 것을 좋아하며, 음악을 들으면 저절로 몸이 움직여요! 어두운 곳에서 잘 볼 수 있답니다.

사뮤 Samyu

생일 7월 31일 **성별** 남자

아기 고양이 친구. 모두가 사뮤가 어리광 피우는 것을 좋아해요. 가족은 형과 누나이며 만나는 모든 사람들이 사뮤의 친구랍니다. 취미는 높은 곳에 올라가는 것이지만, 아직 내려오는 것은 서툴러요. 어디서든지 잘 잡니다.

구리 Guri

생일 11월 14일 **성별** 남자

약삭빠르고 까불거리지만 사랑스러운 토끼 친구예요. 여동생인 라비와 남동생인 츄피가 가족입니다. 취미는 당근 요리 만들기이며, 당근 케이크와 당근 쿠키를 아주 잘 만들어요. 특기는 그 누구보다 당근을 빨리 캐낼 수 있는 것!

라비 Rabi

생일 4월 13일 **성별** 여자

라비는 오빠인 구리와 비슷한 성격으로, 취미는 오빠가 만든 당근 케이크를 먹는 것이에요. 특기는 화난 친구들을 웃게 하는 것.

츄피 Chupi

생일 5월 6일 **성별** 남자

아직 아기 같고 울보인 츄피는, 누나인 라비에게 항상 꼭 붙어있어요. 취미는 형이 만든 당근 케이크를 먹는 것. 츄피를 귀엽다고 생각하는 사람들과 친구가 된대요.

티키 Tikki

생일 9월 15일 **성별** 남자

생각도 빠르고 행동도 빠른 아기 원숭이 친구예요. 가끔 생각지도 못한 장난으로 다른 이들을 깜짝 놀라게 해요. 포차코와는 아주 가까운 사이이며, 그들이 사랑하는 바나나에 대해 이야기하는 것을 좋아해요. 취미는 산처럼 쌓여있는 과일 더미에서 잠을 자는 것이며 꼬리로 다양한 일들을 해내요.

캐릭터 소개 　포차코

폰치 Ponchi

생일 8월 1일　**성별** 남자

밝고 명랑한 성격으로 주변에도 좋은 영향을 주는 펭귄 친구예요. 전 세계에 많은 친구들이 있으며, 취미는 배를 타고 세계를 여행하면서 새로운 친구를 사귀는 일이에요. 폰치의 수기 신호 스킬로 멀리 있는 사람들과도 소통할 수 있어요.

탭 Tapp

생일 1월 10일　**성별** 남자

떠들썩하며 끊임없이 뛰어다니는 새 친구예요. 마라카스 제도 먼 곳에 가족이 있는 것 같아요. 취미는 달리기와 탭댄스, 특기는 나무 오르기랍니다.

몬몬 Monmon

생일 6월 14일　**성별** 남자

호기심이 많고 새로운 것을 좋아하는 날다람쥐 친구예요. 재치 있는 유머 감각으로 모두를 즐겁게 한답니다. 숲에 많은 친구들이 있고, 취미는 도토리 같은 견과류를 모으는 것이에요. 특기는 거꾸로 날기.

점프 Jump

생일 6월 14일　**성별** 남자

느긋하면서 친절한 돌고래 친구예요. 항상 도리가 가고 싶은 곳에 데려가 줍니다. 포카포카섬 앞바다에 대가족으로 살고 있으며, 도리와 페페가 친한 친구예요. 취미는 친구들의 행복한 표정을 보는 것, 사람들을 행복하게 해주는 것이에요. 특기는 누구보다 빨리 헤엄칠 수 있어요.

도리 Dori

생일 3월 12일　**성별** 여자

아기 돌고래 도리는 항상 점프를 따라다녀요. 점프와 페페가 친구이며, 취미는 항상 점프 옆에 붙어 있는 것. 방향 감각이 매우 좋아서 항상 동서남북이 어디인지 알 수 있어서, 점프에게도 도움이 된답니다.

페페 Pepe

생일 3월 12일　**성별** 여자

재빠르고 항상 호기심이 많은 꼬마 펭귄 친구예요. 점프가 가장 친한 친구랍니다. 점프가 페페를 후와후와 타운으로 데려왔어요. 취미는 이곳저곳 여행을 다니는 것이며, 점프의 등에서 점프를 꽉 잡고 잠을 잘 수 있어요.

캐릭터 소개 | 포차코

플레이리즈 Playlees

생일 2월 11일 세쌍둥이　**성별** 도키도키-남자, 란란, 나니-여자

도키도키는 세심한 성격으로 금방 예민해집니다. 란란은 항상 미소를 짓고 있으며, 나니는 매우 호기심이 많아서 항상 질문을 해요. 피짱즈와 친구이며, 취미는 숨바꼭질. 특기는 구멍 파기인데, 가끔 너무 깊게 파서 피짱즈가 곤란해질 때도 있어요.

후와후와 Fuwafuwa

생일 10월 31일　**성별** 여자

아기 유령인 후와후와는 포차코는 물론 후와후와 타운의 모두와 친구예요. 행복한 웃음소리에 이끌려 가끔 후와후와 타운으로 놀러온답니다. 취미는 누군가를 놀래키는 것! 특기는 사라지는 것과 자신의 사이즈를 바꾸는 것이에요.

메이플 Maple

생일 5월 24일　**성별** 여자

느긋하지만 배려심이 깊은 갈매기 친구예요. 항상 곤경에 빠진 사람들을 도와준답니다. 후와후와 타운의 모두가 친구이며, 특히 도리와 점프, 페페와 친해요. 취미는 쵸피와 피짱즈를 등에 업고 후와후와 타운을 안내해주는 일이에요. 하늘에서 보고 있기 때문에 길을 잃은 아이들을 발견하면 방향을 알려준답니다.

준비물

- 솜
- 풀
- 투명 박스테이프
- 양면테이프
- 얇은 투명테이프
- 손코팅지
- 커팅매트
- 가위
- 칼

도안 기호

- ——— **자르는 선** : 가위 혹은 칼로 잘라요.
- **안으로 접는 선** : 선이 안쪽으로 보이게 접어요.
- **밖으로 접는 선** : 선이 바깥쪽으로 보이게 접어요.
- **붙이는 면** : 같은 색의 별끼리 마주보게 붙여요.
- **양면테이프 면** : 떴다 붙일수 있도록 양면 테이프를 사용해 주세요.
- **솜** : 솜이 들어가는 부분이에요.
- **코팅 X** : 코팅을 하면 만들기 어려워요.
- **단면 코팅** : 앞면만 손코팅지 혹은 투명 박스테이프로 코팅해 주세요.
- **양면 코팅** : 앞면과 뒷면 모두 손코팅지 혹은 투명 박스테이프로 코팅해 주세요.

스퀴시 만드는 방법 공통사항

1

각 도안 페이지의 상단 오른쪽에 어떤 코팅을 해야할지 표시되어 있어요. 이에 맞게 도안을 코팅한 후, 가위로 오려주세요.

2

스퀴시 도안을 점선을 따라 반으로 접어주세요.

3

솜 넣을 구멍

겹친 도안의 테두리를 따라 얇은 투명테이프를 붙인 후, 가위집을 넣어 곡선에 맞게 하나씩 접어가면서 붙여요. 이때 솜 넣을 구멍은 남겨주세요!

4

솜구멍에 솜을 넣고 솜이 바깥으로 튀어나오지 않게 잘 정리한 후에 투명테이프로 솜구멍을 막아 스퀴시를 완성해주세요.

시나모롤의 말랑도넛

만드는 방법

❶ 도넛 패키지 도안을 가위와 칼로 오린 뒤, 접는 선을 따라 접어주세요.

❷ 같은 색의 별끼리 붙여주세요.

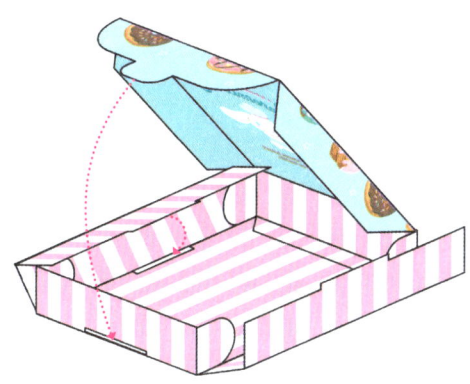

❸ 날개부분을 먼저 넣은 후, 옆면을 구멍에 끼워주세요.

❹ 도넛 스퀴시 도안을 단면 코팅 한 후, 가위로 오려주세요.

❺ <스퀴시 만드는 방법>으로 도넛 스퀴시를 만들어 주세요.

완성! 도넛 패키지에 모두 담아주세요.

만드는 방법

❶ 케이크 패키지 도안을 가위와 칼로 오린 뒤, 접는 선을 따라 접어주세요.

❷ 같은 색의 별끼리 붙여주세요.

❸ 손잡이 부분을 양쪽 날개 구멍에 끼워주세요.

❹ 케이크 페이퍼 토이 도안을 오른쪽 인덱스에 따라 코팅 한 후, 가위로 오려주세요.

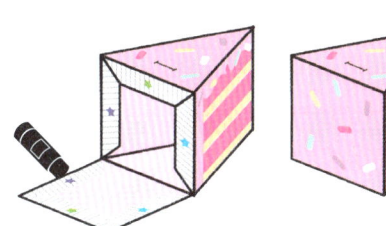

❺ 접는 선을 따라 접은 후, 같은 색의 별끼리 붙여주세요.

❻ 그림과 같이 데코를 이용하여 꾸며주세요.

완성! 케이크 패키지에 모두 담아주세요.

만드는 방법

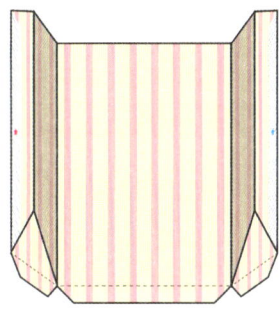

❶ 베이커리 봉투 도안을 가위로 오린 뒤, 접는 선을 따라 접어주세요.

❷ 같은 색의 별끼리 붙여주세요.

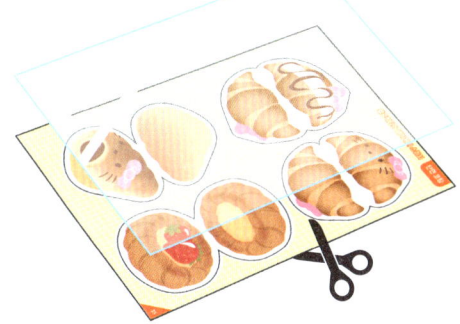

❸ 베이커리 스퀴시 도안을 단면 코팅 한 후, 가위로 오려주세요.

❹ <스퀴시 만드는 방법>으로 베이커리 스퀴시를 만들어 주세요.

완성! 베이커리 봉투에 모두 담아주세요.

쿠로미의 축하케이크

만드는 방법

❶ 케이크 페이퍼 토이 도안을 오른쪽 인덱스에 따라 코팅 한 후, 가위로 오려주세요.

❷ 접는 선을 따라 접은 뒤, 같은 색의 별끼리 붙여주세요.

세움판을 세워주세요.

❸ 케이크 토핑 도안 뒷면에 양면 테이프를 붙여주세요.

❹ 케이크 페이퍼 토이를 토핑과 세움판으로 꾸며 주세요.

❺ 쿠로미 스퀴시 도안을 단면 코팅 한 후, 가위로 오려주세요.

❻ <스퀴시 만드는 방법>으로 쿠로미 스퀴시를 만들어 주세요.

 완성! 쿠로미 스퀴시를 페이퍼 토이와 함께 전시 해주세요.

산리오캐릭터즈의 컵케이크

만드는 방법

❶ 컵케이크 패키지 도안을 가위와 칼로 오린 뒤, 접는 선을 따라 접어주세요.

❷ 같은 색의 별끼리 붙여주세요.

❸ 컵케이크 스퀴시 도안을 단면 코팅 한 후, 가위로 오려주세요.

❹ <스퀴시 만드는 방법>으로 컵케이크 스퀴시를 만들어 주세요.

❺ 컵케이크 토핑 도안을 양면 코팅 한 후, 가위로 오려주세요.

❻ 컵케이크 스퀴시를 토핑으로 꾸며 주세요.

완성! 컵케이크 패키지에 모두 담아주세요.

산리오캐릭터즈의 간식박스

만드는 방법

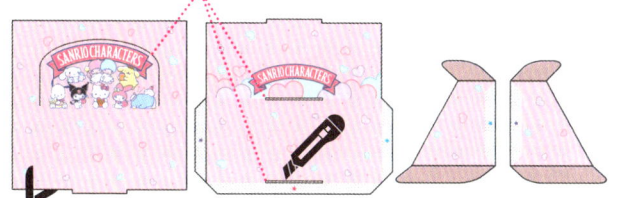

❶ 간식 박스 도안을 가위와 칼로 오린 뒤, 접는 선을 따라 접어주세요.

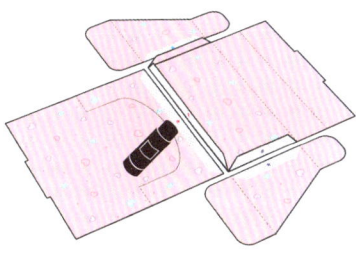

❷ 같은 색의 별끼리 붙여주세요.

❸ 날개부분을 먼저 넣은 후, 앞 뒷면을 구멍에 끼워주세요.

❹ 간식 스퀴시 도안을 단면 코팅 한 후, 가위로 오려주세요.

❺ <스퀴시 만드는 방법>으로 간식 스퀴시를 만들어 주세요.

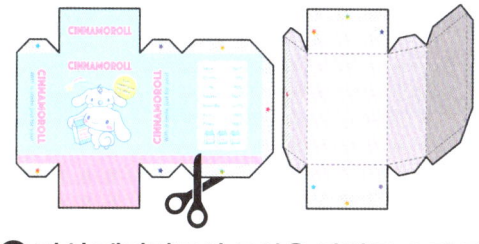

❻ 간식 페이퍼토이 도안을 가위로 오린 뒤, 접는 선을 따라 접어주세요.

❼ 같은 색의 별끼리 붙여주세요.

완성! 간식 박스에 모두 담아주세요.

산리오캐릭터즈의 캔디 가챠

만드는 방법

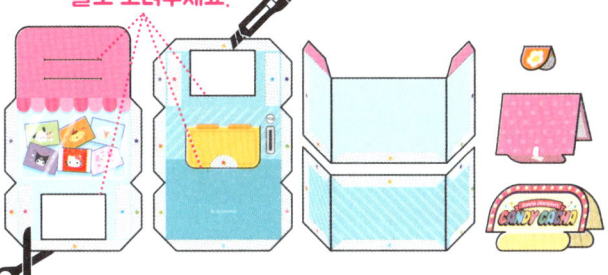

❶ 캔디 가챠 도안을 가위와 칼로 오린 뒤, 접는 선을 따라 접어주세요.

❷ 같은 색의 별끼리 붙여 캔디 가챠의 위, 아래부분을 각각 만들어 주세요.

❸ 캔디 가챠 위, 아래 사이의 붙이는 면에 풀칠 한 뒤, 같은 색의 별끼리 붙여주세요.

❹ 손잡이A를 선에 따라 접고 붙인 뒤, 가챠 위, 아래 사이에 끼워주세요.

❺ 캔디 스퀴시 도안을 단면 코팅 한 후, 가위로 오려주세요.

❻ <스퀴시 만드는 방법>으로 캔디 스퀴시를 만들어 주세요.

❼ 가챠 뚜껑을 연 후, 캔디 스퀴시를 모두 넣어주세요.

완성! 손잡이A를 당기면 캔디가 떨어집니다!

만드는 방법

❶ 젤리컵 박스 도안을 가위와 칼로 오린 뒤, 접는 선을 따라 접어주세요.

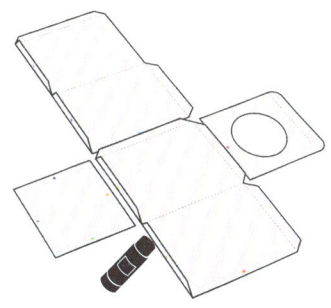

❷ 같은 색의 별끼리 붙여주세요.

❸ 젤리컵 페이퍼 토이 도안을 가위로 오린 뒤, 접는 선을 따라 접어주세요.

❹ 같은 색의 별끼리 붙여주세요.

완성! 젤리컵 박스에 모두 담아주세요.

산리오캐릭터즈의 밀키트

만드는 방법

❶ 밀키트 봉투 도안을 가위와 칼로 오린 뒤, 접는 선을 따라 접어주세요.

❷ 같은 색의 별끼리 붙여주세요.

❸ 밀키트 스퀴시 도안을 단면 코팅 한 후, 가위로 오려주세요.

❹ <스퀴시 만드는 방법>으로 밀키트 스퀴시를 만들어 주세요.

코팅 후, 뒷면에 양면 테이프를 붙여주세요.

❺ 밀키트 토핑 도안과 접시 도안을 양면 코팅 한 후, 가위로 오려주세요.

❻ 밀키트 스퀴시를 토핑으로 꾸며 주세요.

완성! 밀키트 봉투의 그림과 같이 스퀴시를 각각 담아주세요.

산리오캐릭터즈의 달콤카라멜

만드는 방법

❶ 카라멜 박스 도안을 가위와 칼로 오린 뒤, 접는 선을 따라 접어주세요.

❷ 같은 색의 별끼리 붙여주세요.

❸ 카라멜들을 박스에 담아주세요.

완성! 6개의 카라멜 박스를 모두 만들어주세요.

CONTENTS

63 시나모롤의 말랑도넛

73 마이멜로디의 조각케이크

83 헬로키티의 베이커리

93 쿠로미의 축하케이크

99 산리오캐릭터즈의 컵케이크

111 산리오캐릭터즈의 간식 박스

127 산리오캐릭터즈의 캔디 가챠

147 산리오캐릭터즈의 젤리컵

163 산리오캐릭터즈의 밀키트

175 산리오캐릭터즈의 달콤카라멜

193 산리오캐릭터즈의 카페음료

시나모롤의 말랑도넛 패키지 | 코팅 X

시나모롤의 말랑도넛 패키지 · 코팅 X

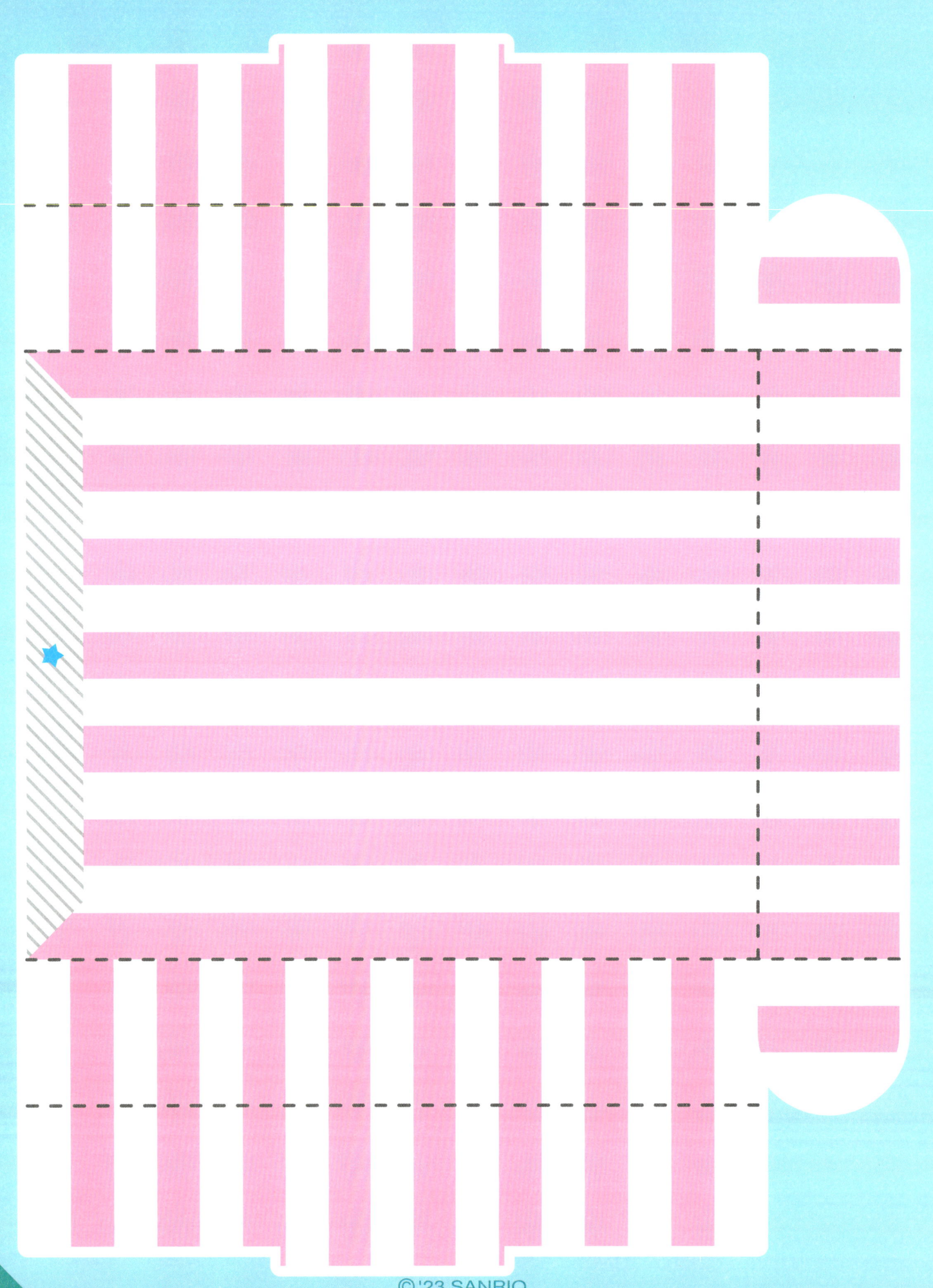

© '23 SANRIO

시나모롤의 말랑도넛 스퀴시 · 단면 코팅

© '23 SANRIO

시나모롤의 말랑도넛 스퀴시 단면 코팅

© '23 SANRIO

마이멜로디의 조각케이크 패키지   코팅 X

마이멜로디의 조각케이크 패키지 코팅 X

마이멜로디의 조각케이크 패키지 　코팅 X

마이멜로디의 조각케이크 페이퍼 토이 　양면 코팅

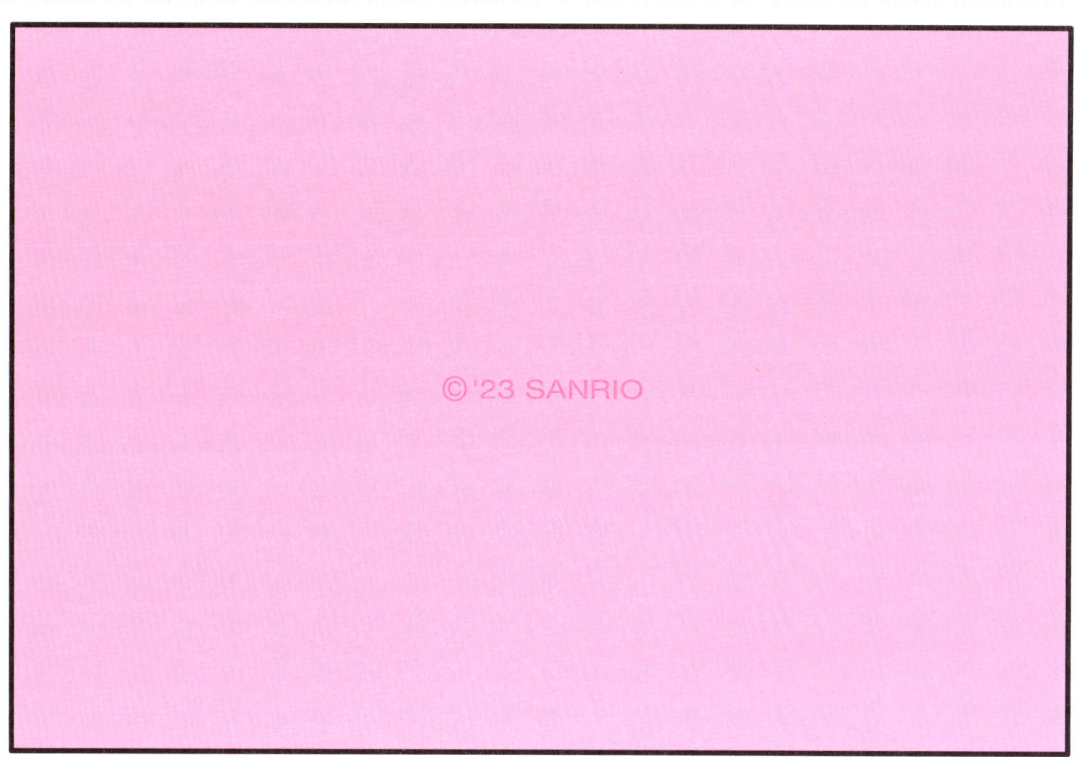

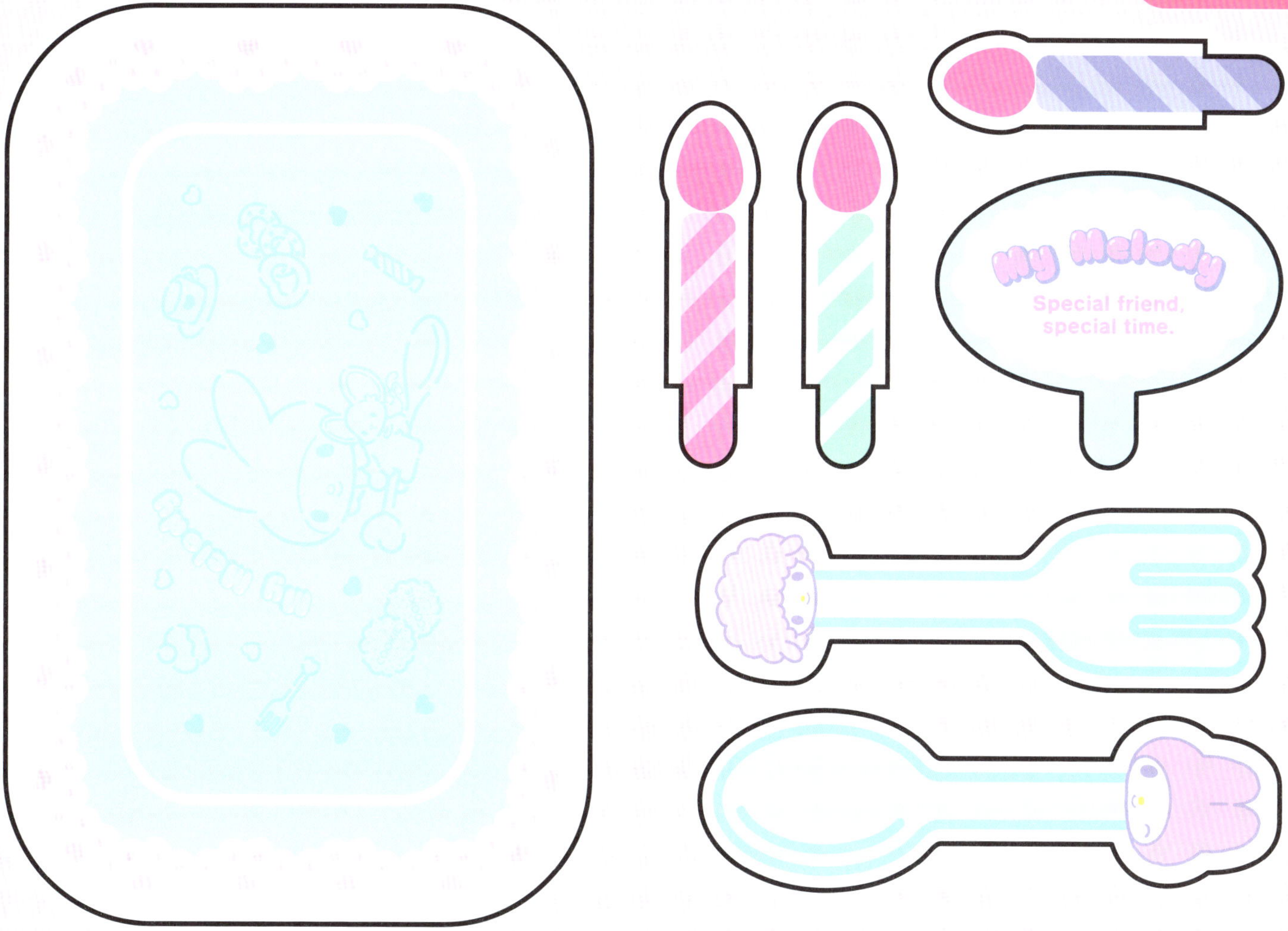

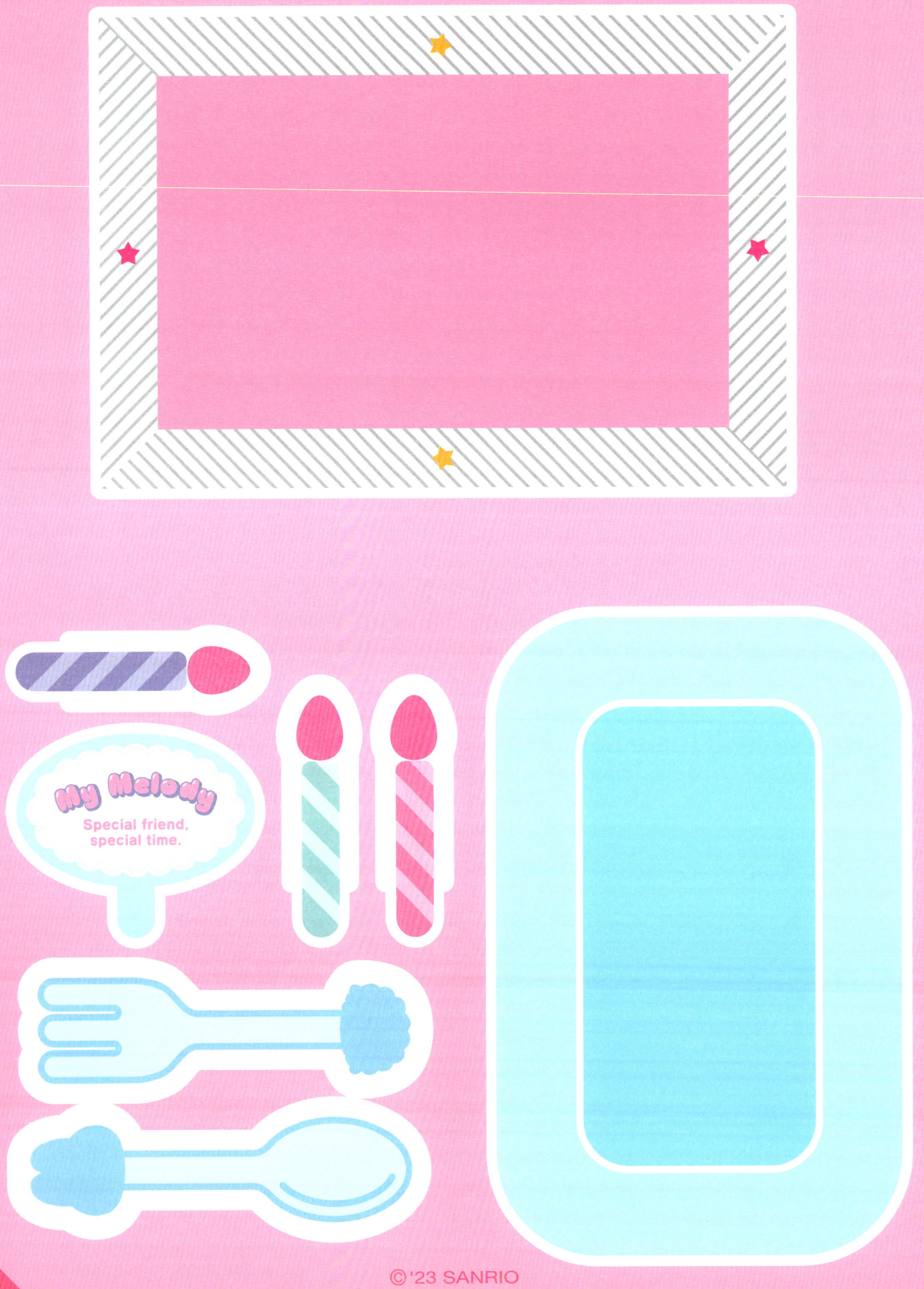
My Melody
Special friend,
special time.

헬로키티의 베이커리 봉투 | 코팅 X

헬로키티의 베이커리 봉투

코팅 X

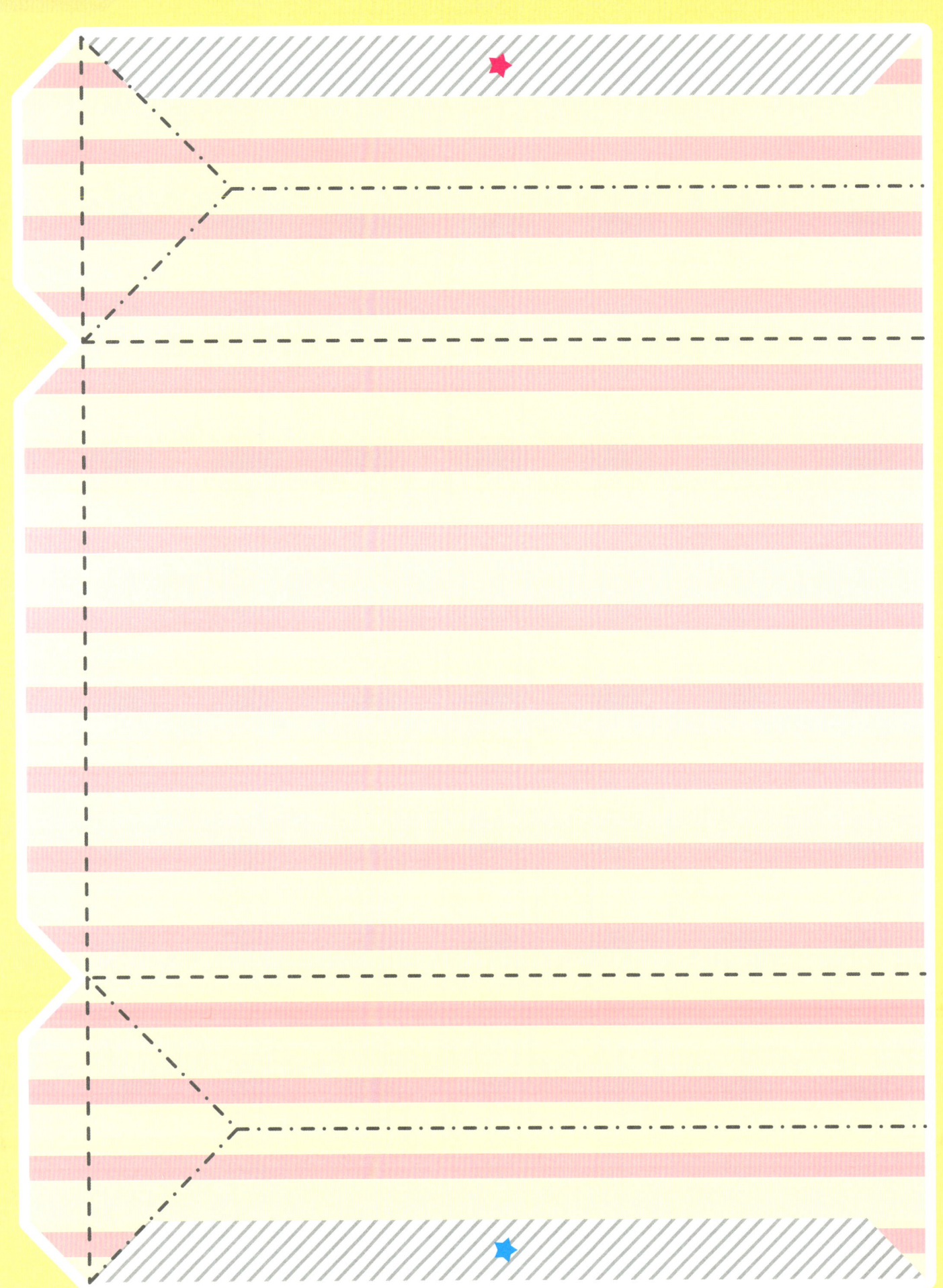

© '23 SANRIO

© '23 SANRIO

© '23 SANRIO

쿠로미의 축하케이크 페이퍼토이 · 코팅 X

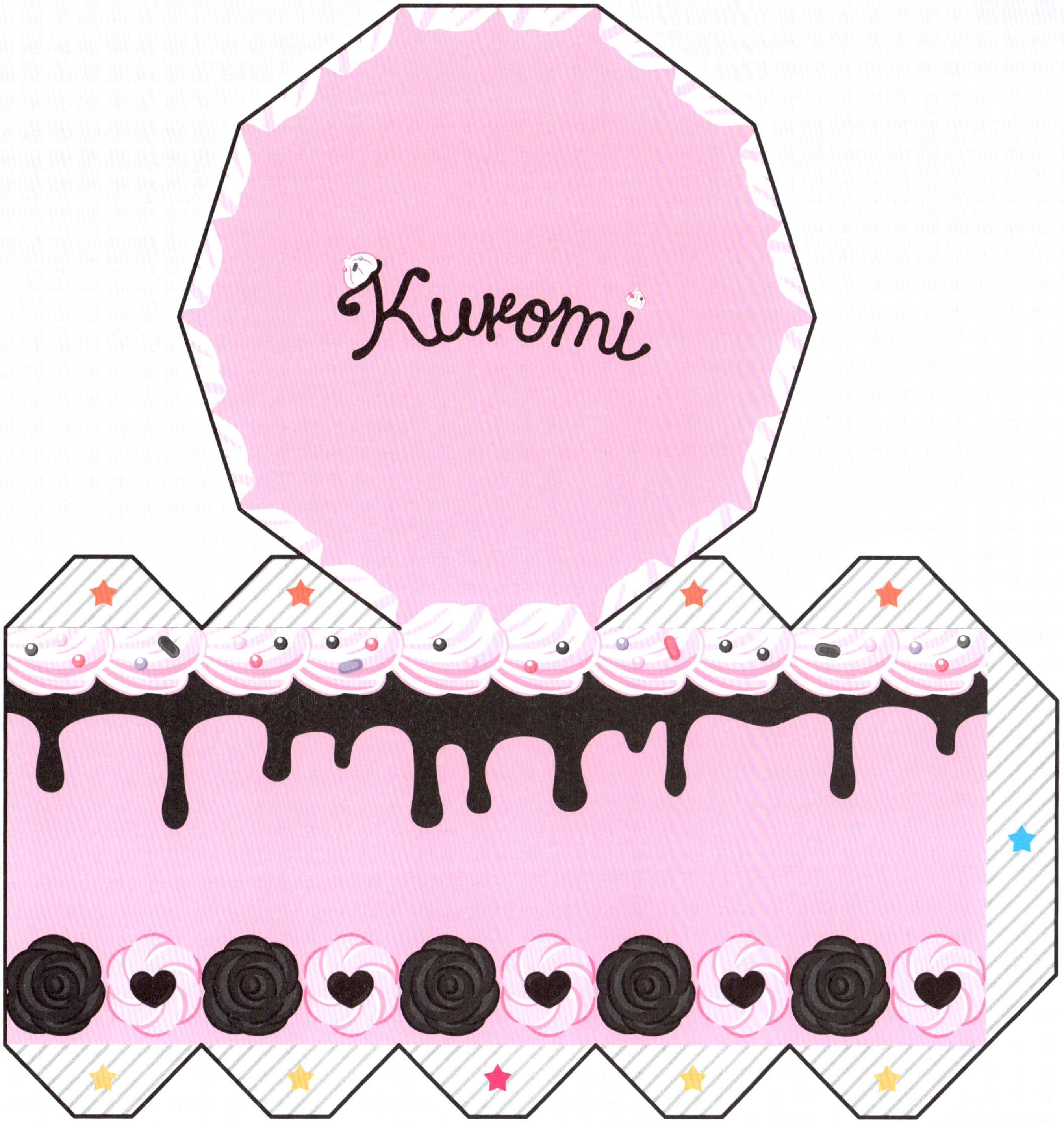

Kuromi

쿠로미의 축하케이크 토핑 · 양면 코팅

쿠로미의 축하케이크 페이퍼토이 코팅 X

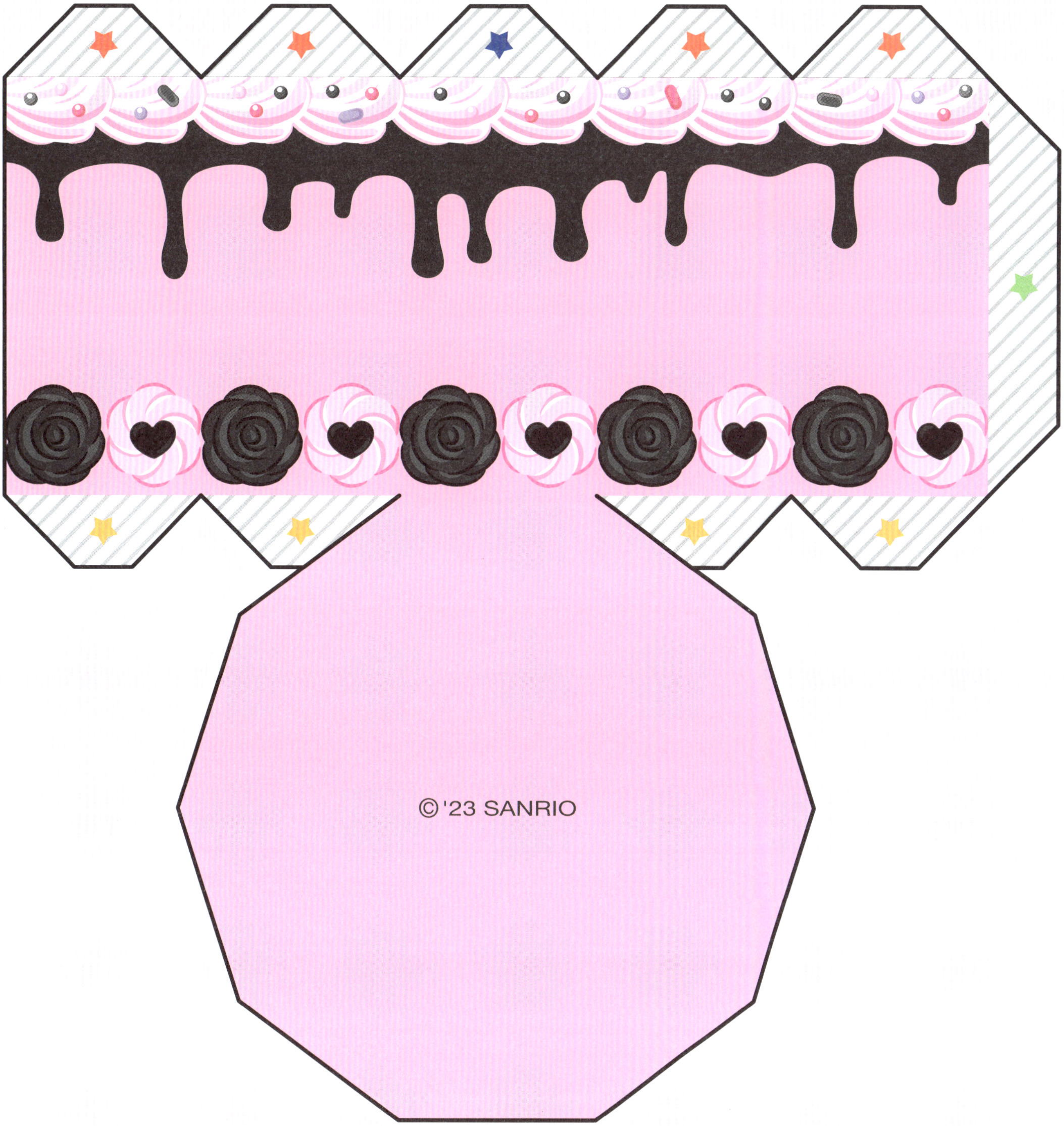

쿠로미의 축하케이크 토핑 양면 코팅

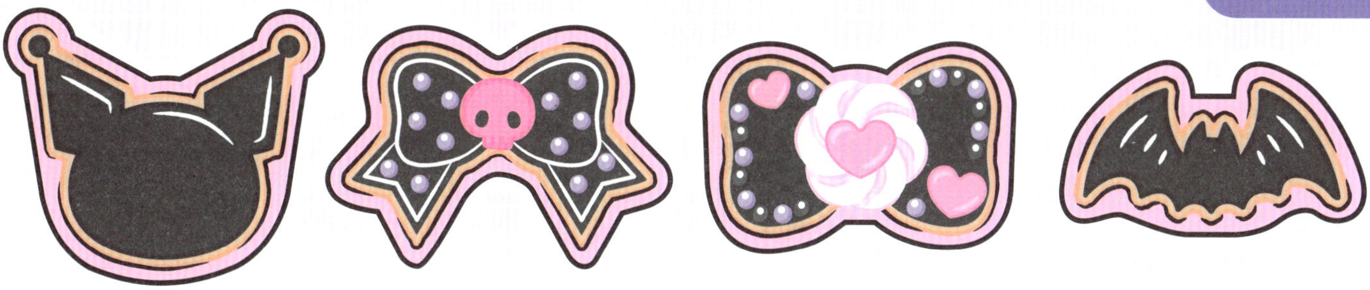

 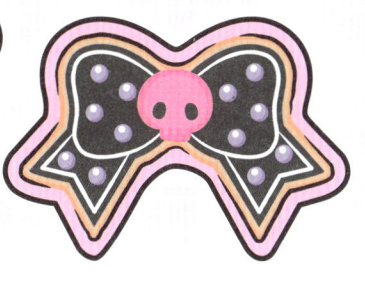  

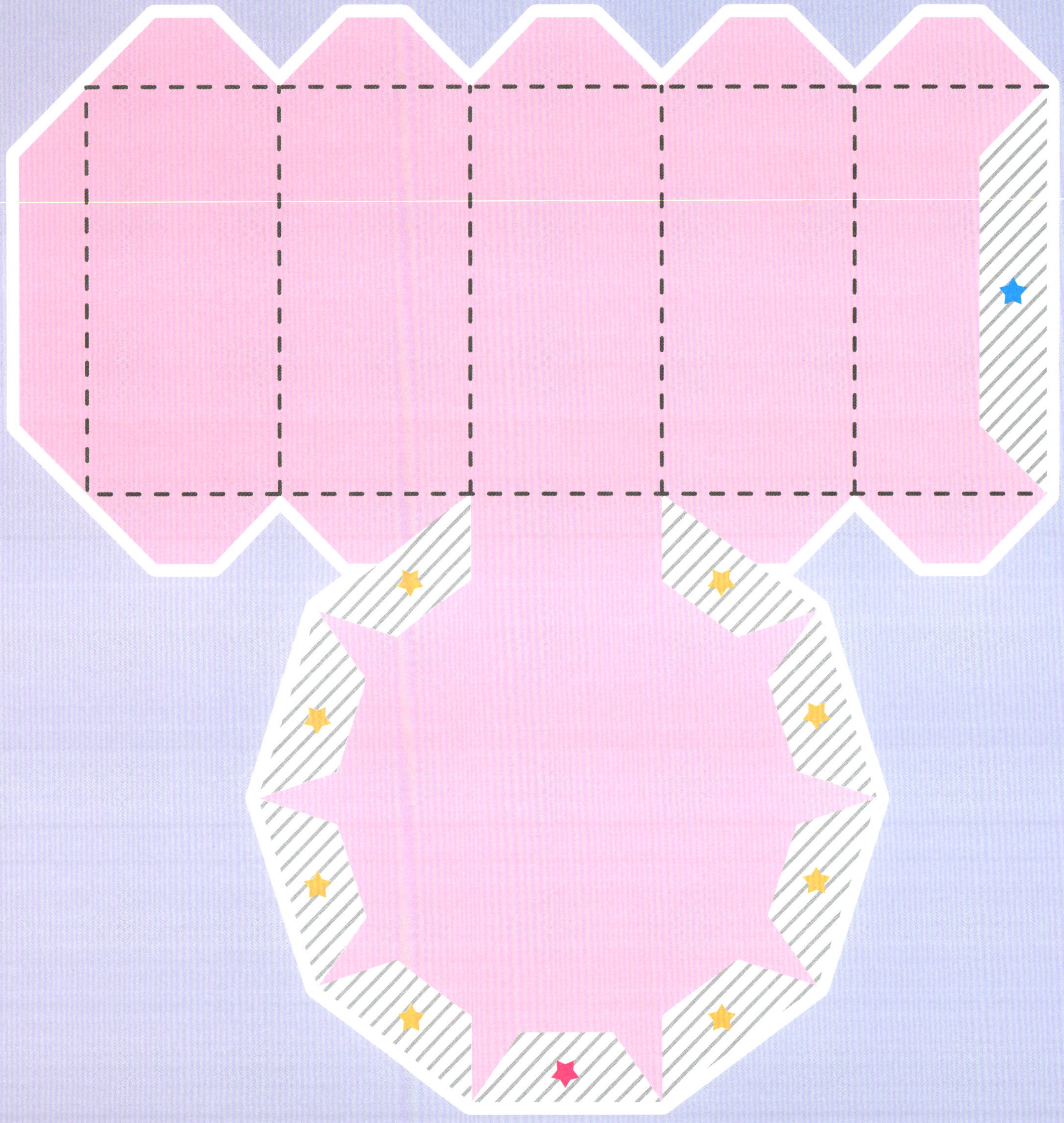

쿠로미의 축하케이크 페이퍼토이 　코팅 X

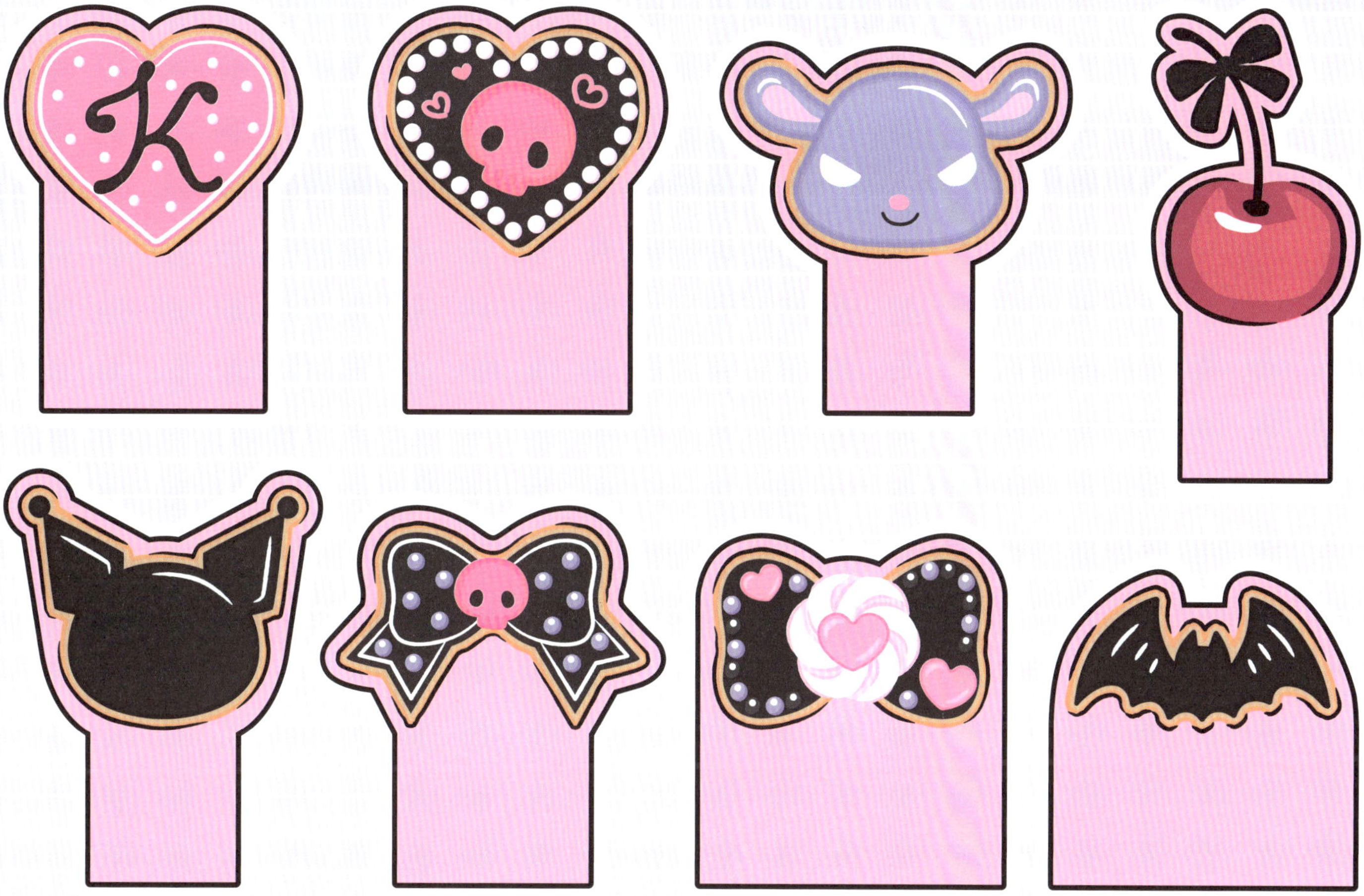

쿠로미의 축하케이크 스퀴시 　단면 코팅

산리오캐릭터즈의 컵케이크 패키지 코팅 X

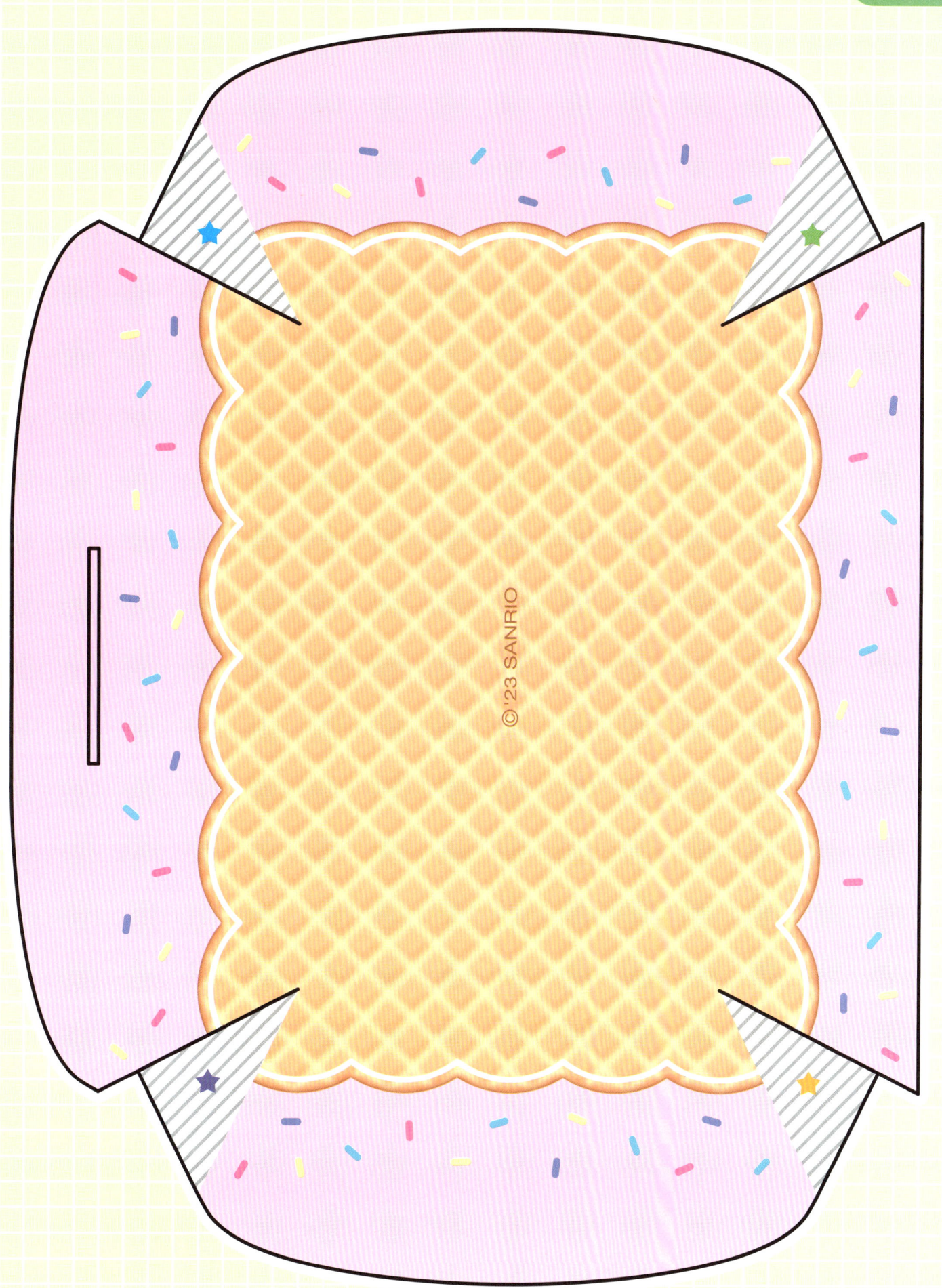

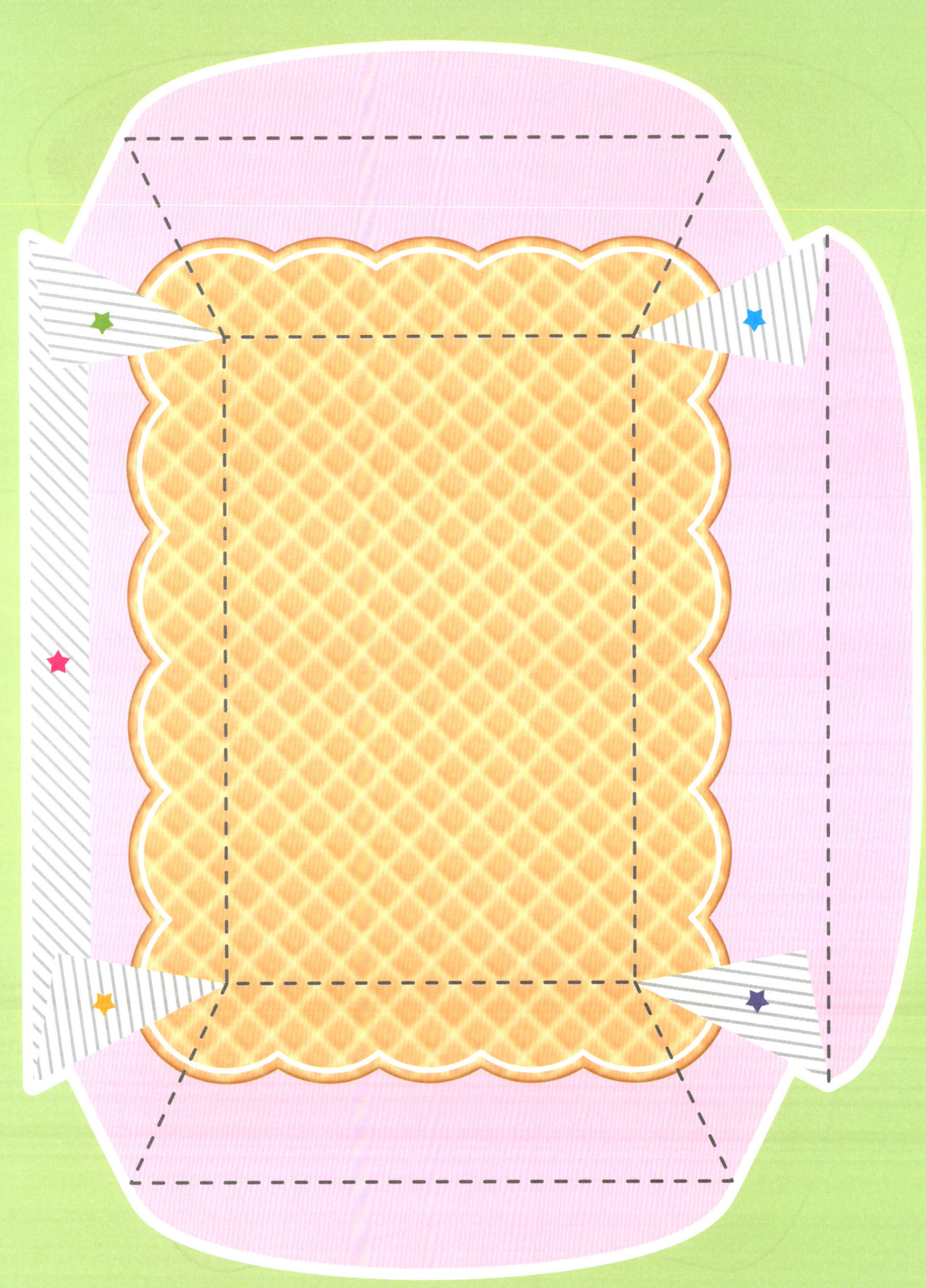

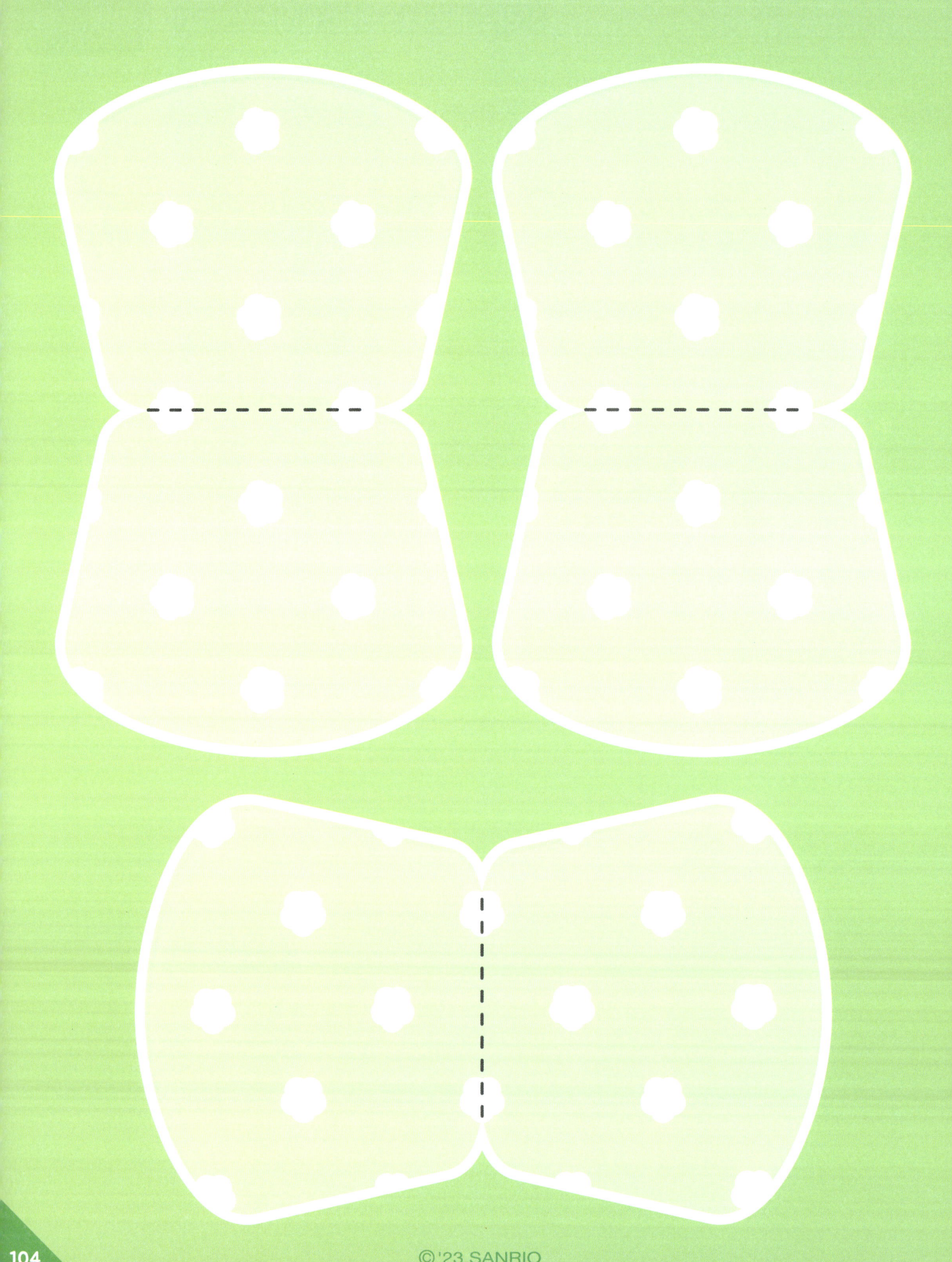

산리오캐릭터즈의 간식박스 | 코팅 X

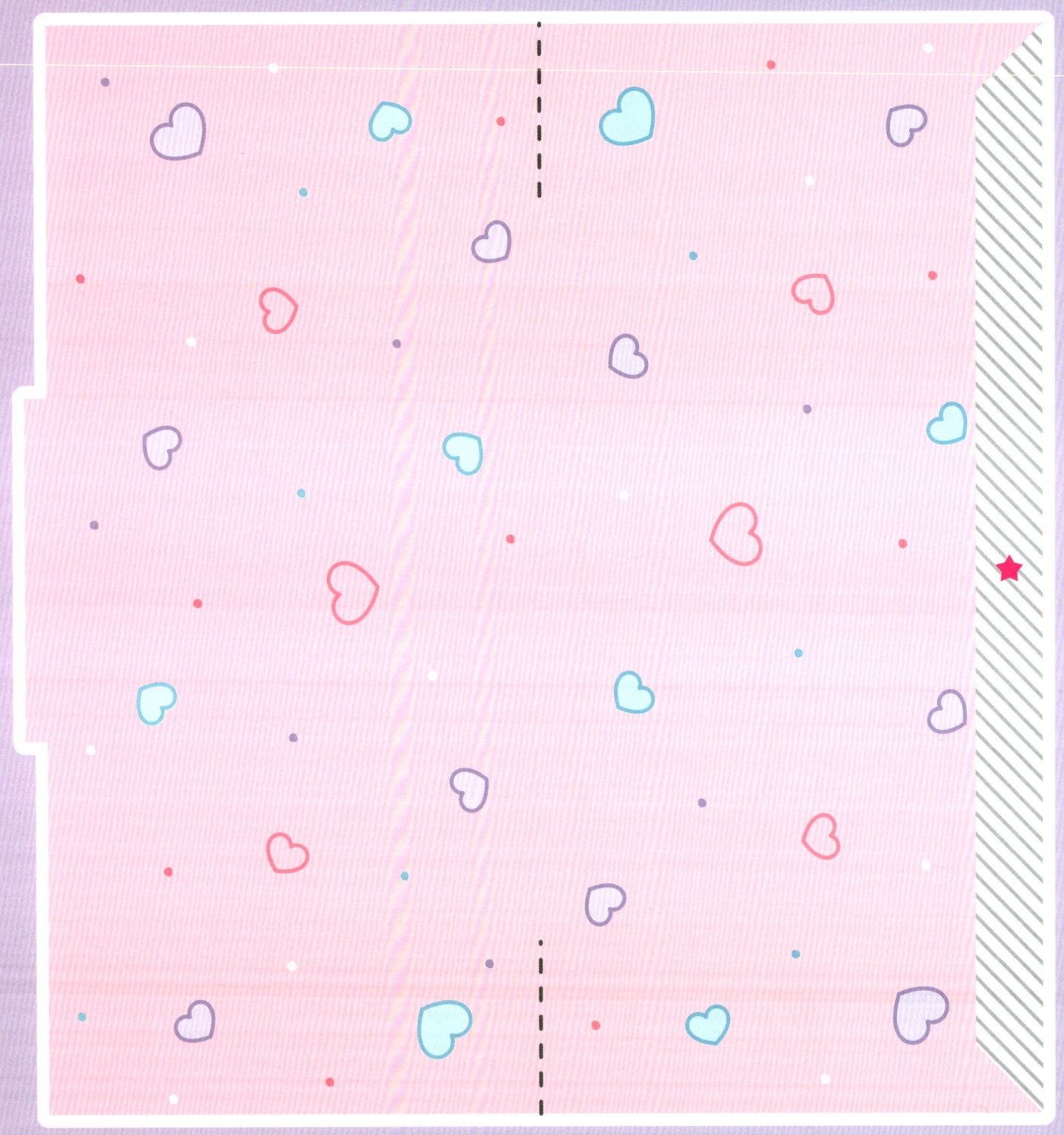

산리오캐릭터즈의 간식박스 | 코팅 X

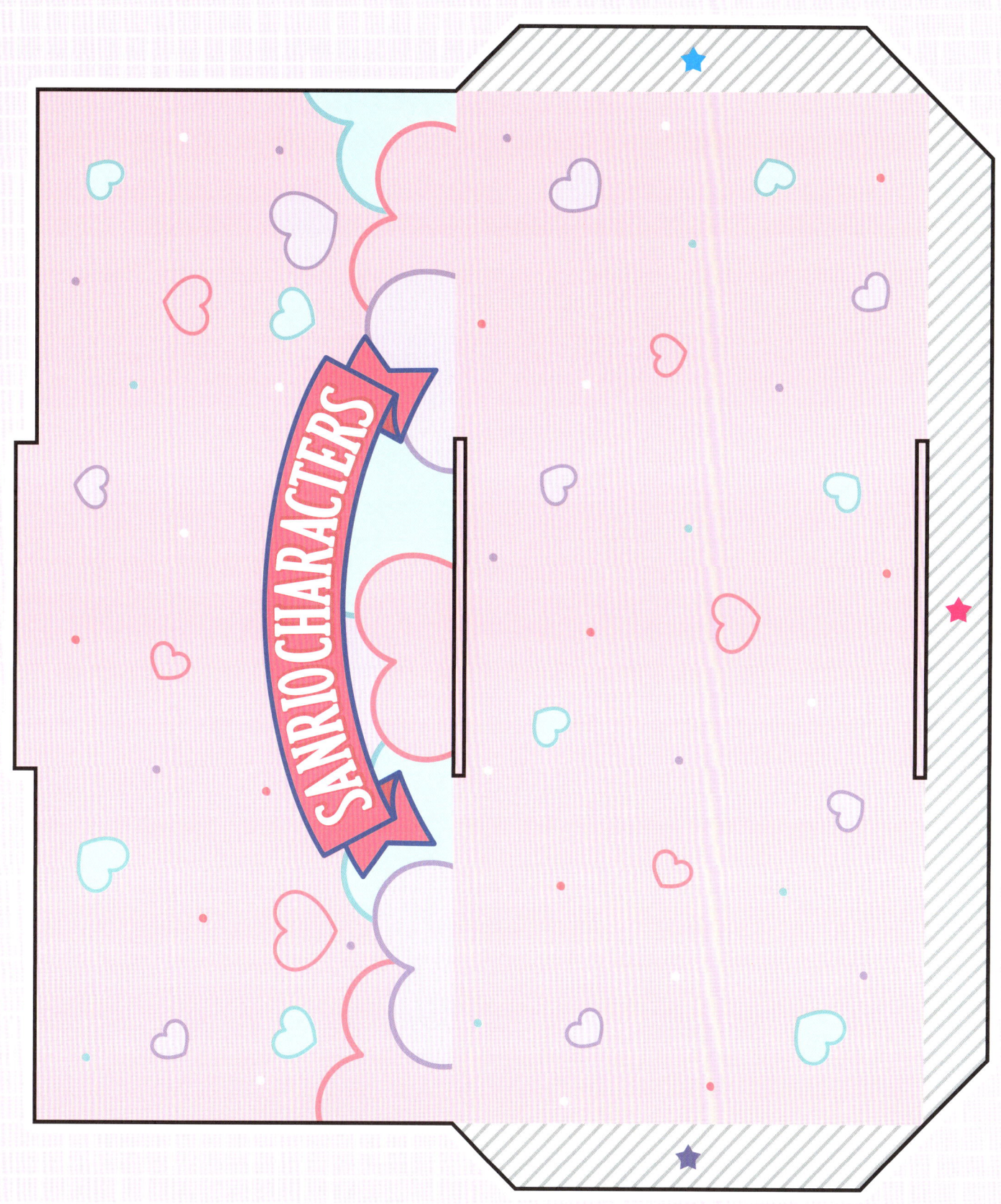

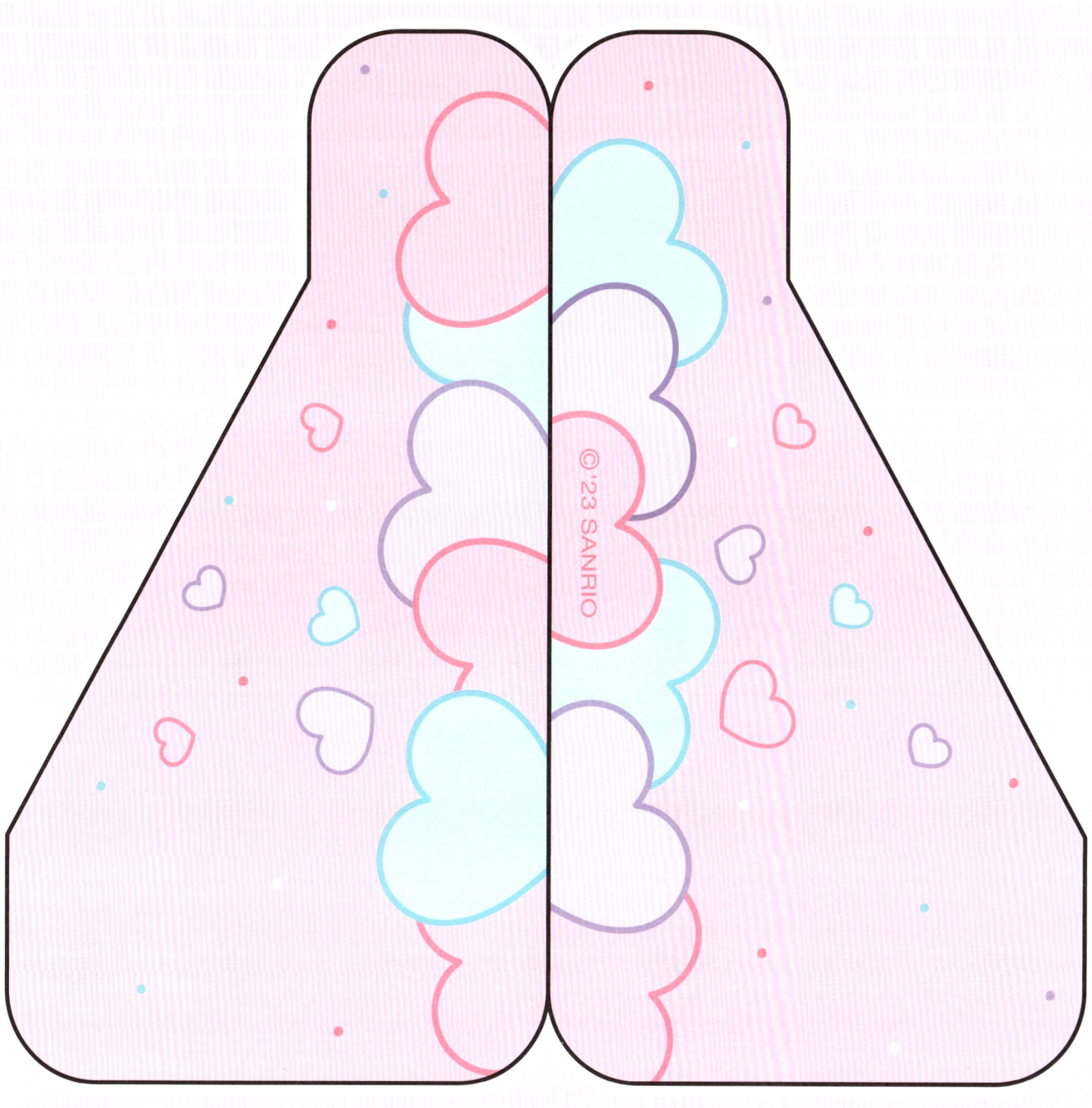

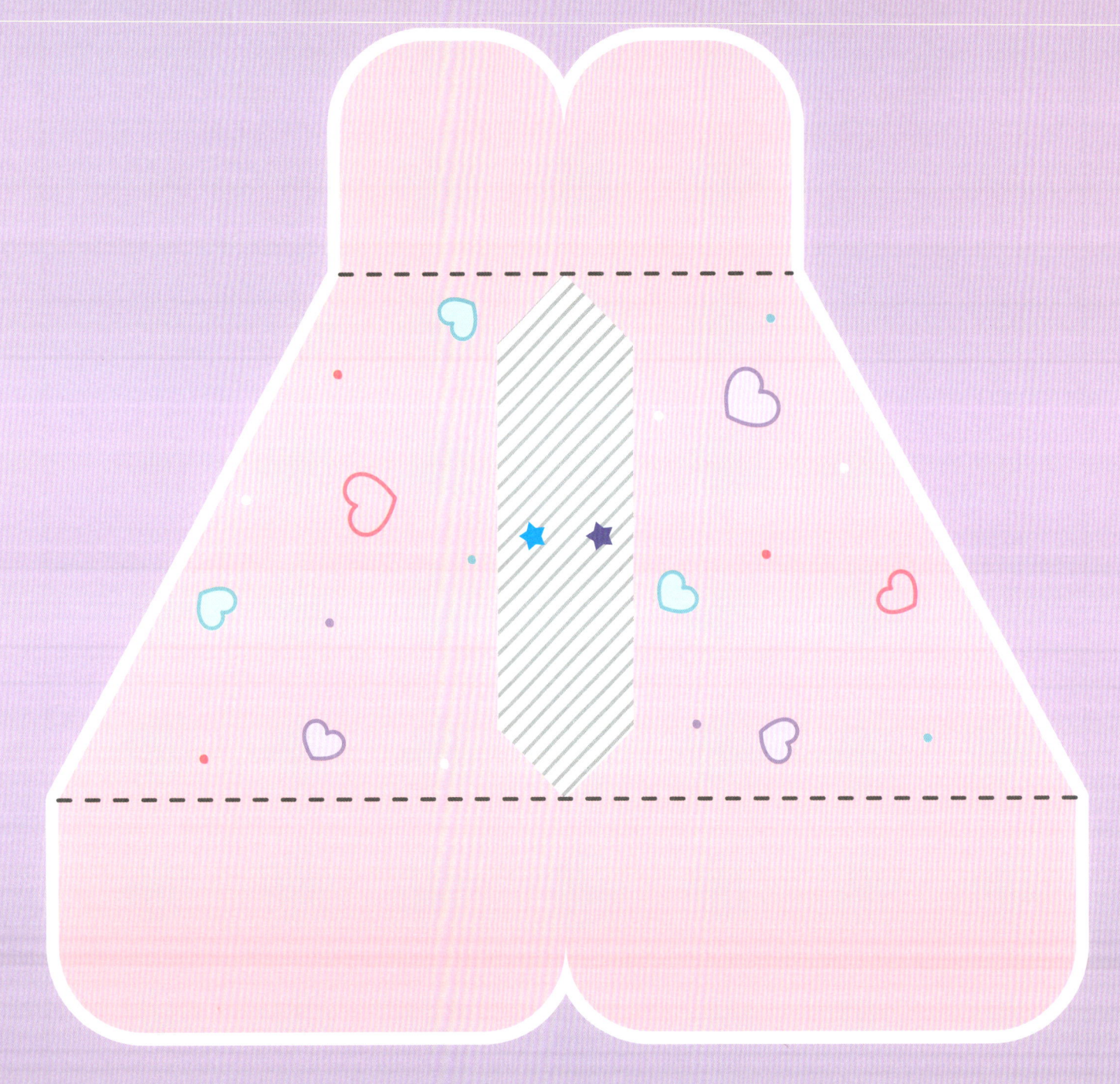

산리오캐릭터즈의 간식박스 스퀴시 | 단면 코팅

- Love ····· 100%
- Cheer ····· 100%
- Cute ····· 100%
- Sporty ····· 100%
- Friendly ····· 100%
- Fun ····· 100%
- Smile ····· 100%

© '23 SANRIO

- Love — 100%
- Cheer — 100%
- Cute — 100%
- Sporty — 100%
- Friendly — 100%
- Fun — 100%

© '23 SANRIO

산리오캐릭터즈의 간식박스 스퀴시 — 단면 코팅

POCHACCO

It's warmer together
POCHACCO

Love	100%
Cheer	100%
Cute	100%
Sporty	100%
Friendly	100%
Fun	100%
Power	100%
Smile	100%

© '23 SANRIO

POMPOMPURIN
It's a dog's life!

POMPOMPURIN
It's a dog's life!

Love	100%
Cheer	100%
Cute	100%
Sporty	100%
Friendly	100%
Fun	100%
Power	100%

© '23 SANRIO

산리오캐릭터즈의 간식박스 스퀴시 — 단면 코팅

LittleTwinStars

- Love ····· 100%
- Cheer ····· 100%
- Cute ····· 100%
- Sporty ····· 100%
- Friendly ····· 100%
- Fun ····· 100%
- Smile ····· 100%

It's warmer together♥

© '23 SANRIO

Tuxedosam

- Love ····· 100%
- Cheer ····· 100%
- Cute ····· 100%
- Sporty ····· 100%
- Friendly ····· 100%

© '23 SANRIO

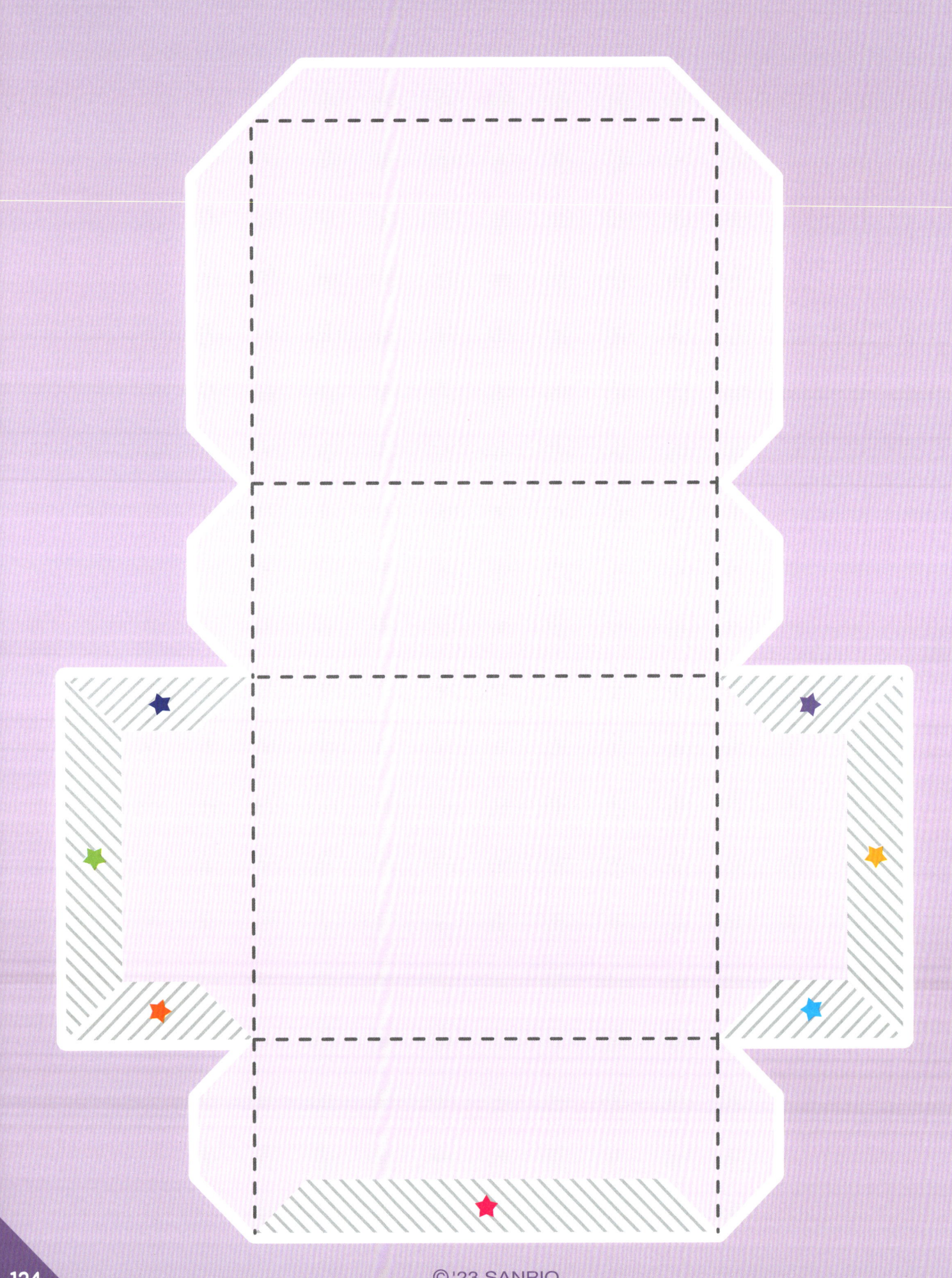

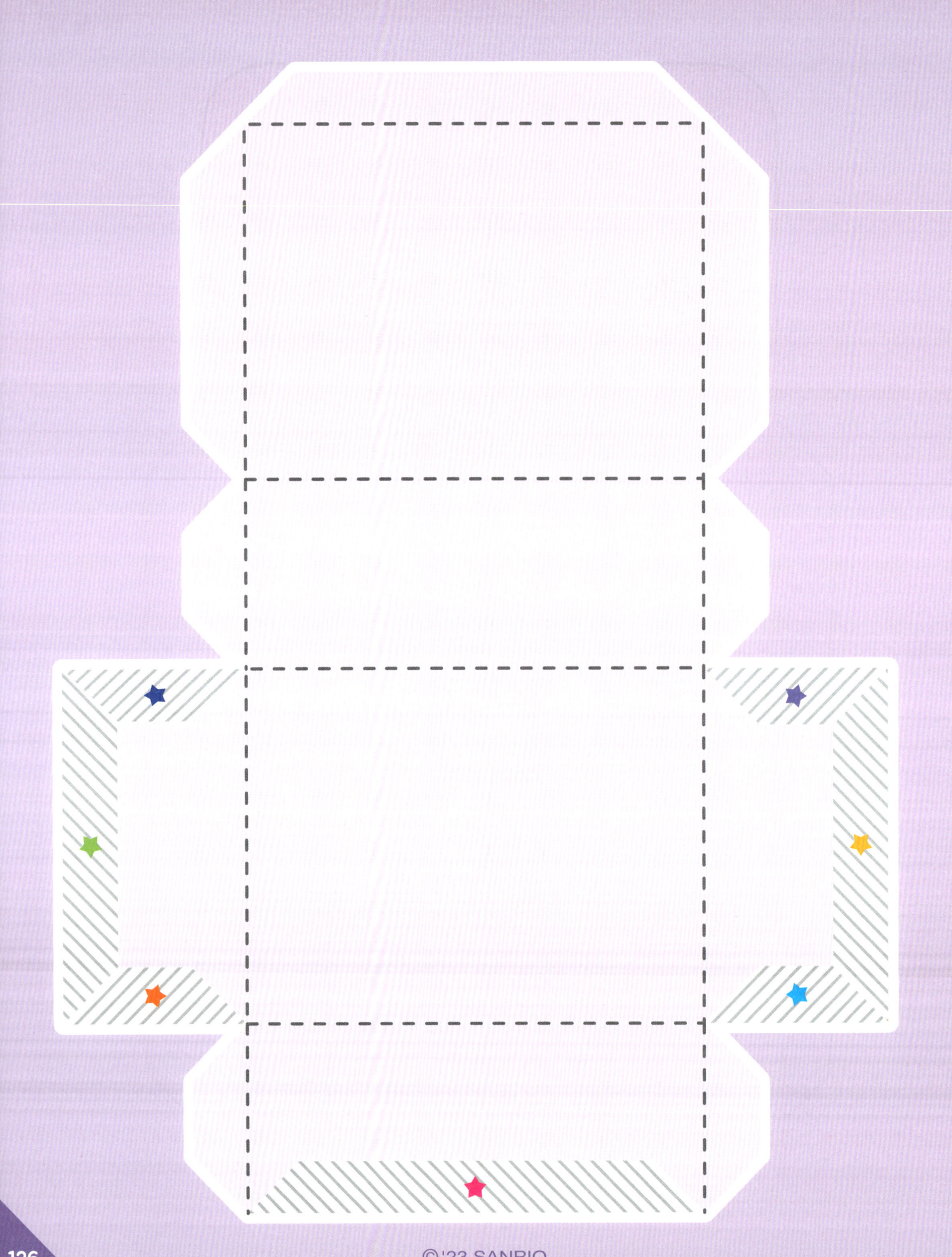

산리오캐릭터즈의 캔디 가챠 　코팅 X

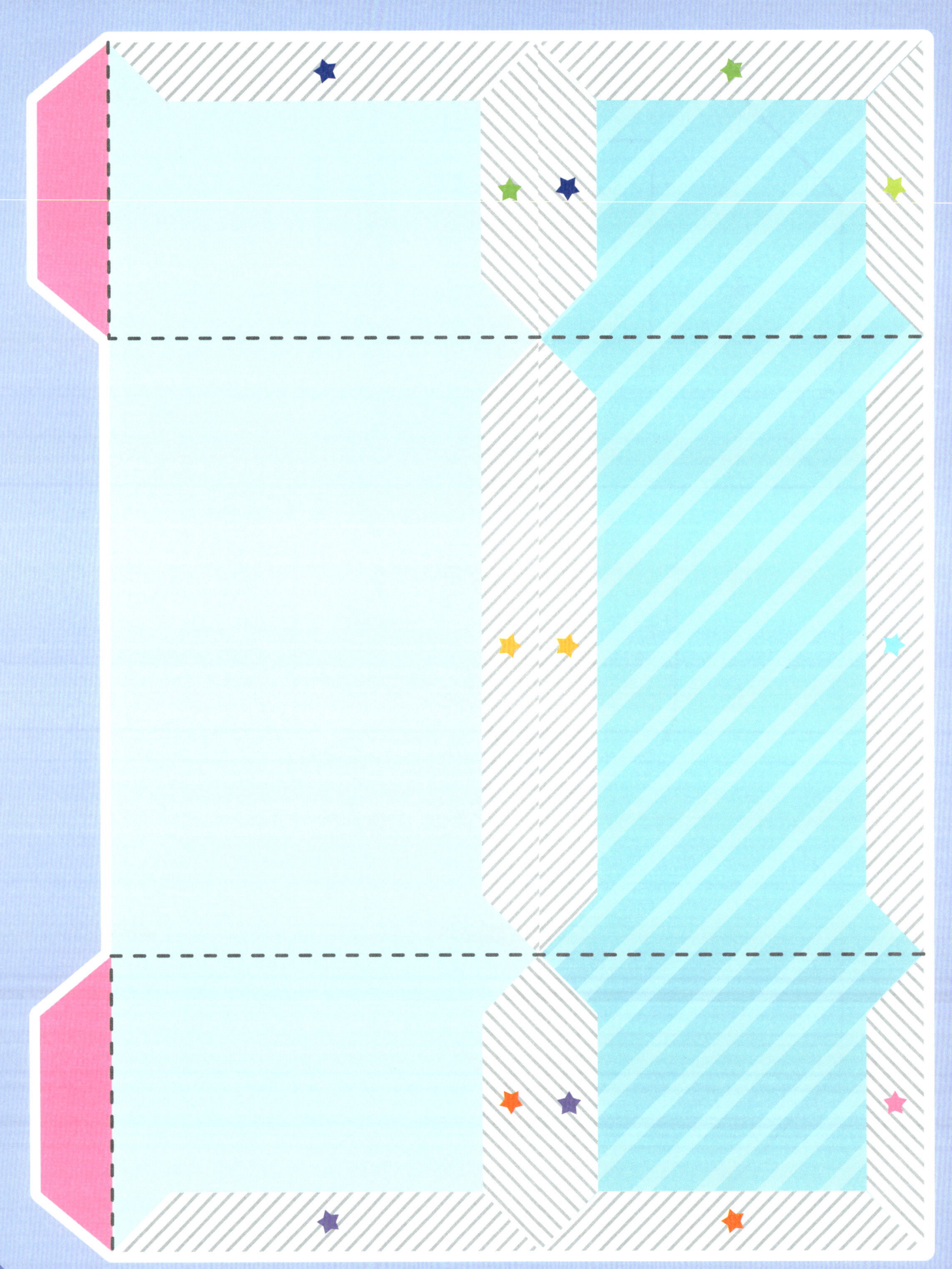

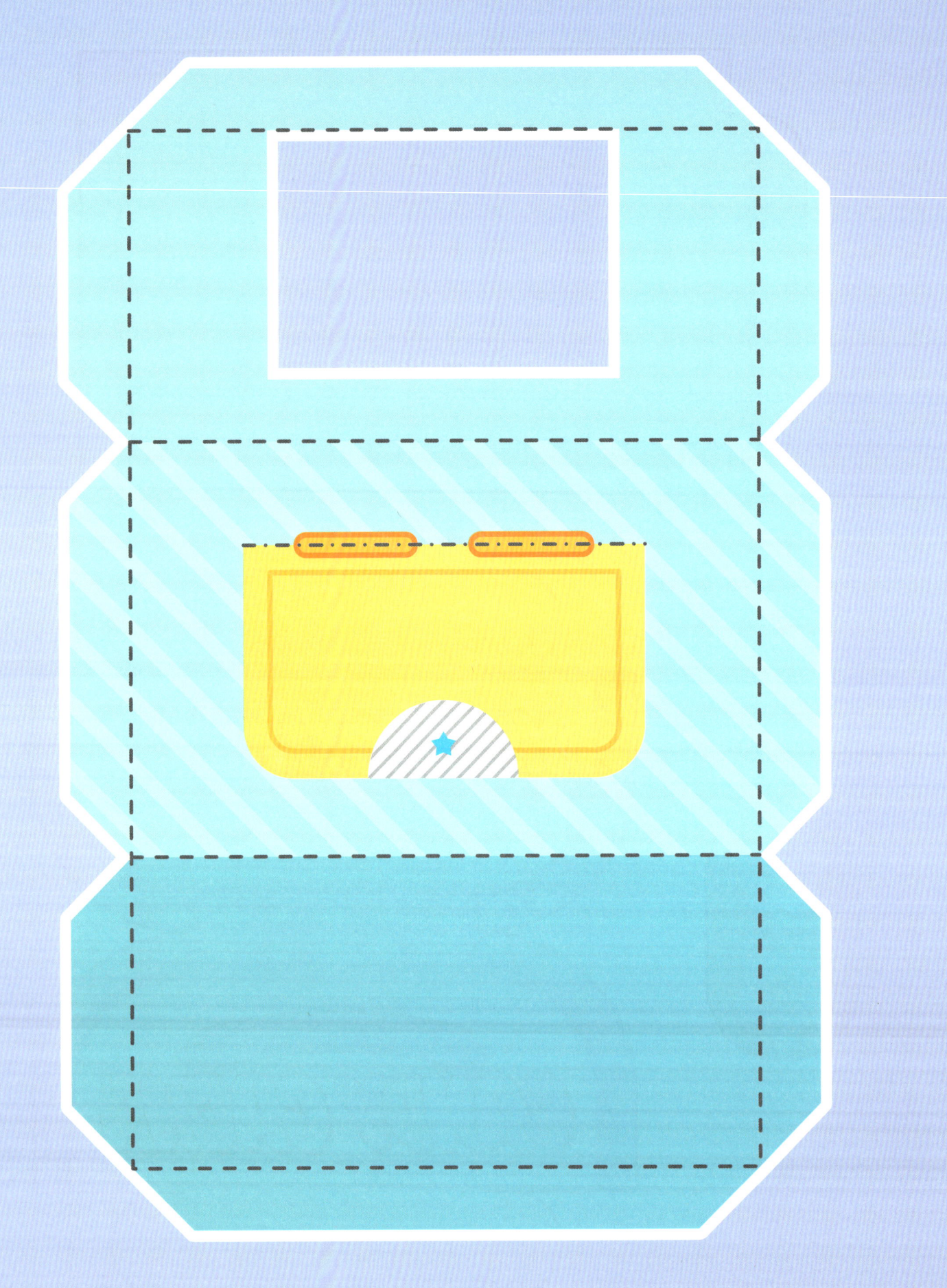

산리오캐릭터즈의 캔디 가챠 　코팅 X

◀ 손잡이 B

손잡이 A ▼

광고판 ▶

133

산리오캐릭터즈의 캔디 가챠 스퀴시 — 단면 코팅

산리오캐릭터즈의 캔디 가챠 스퀴시 — 단면 코팅

© '23 SANRIO

산리오캐릭터즈의 캔디 가챠 스퀴시 　단면 코팅

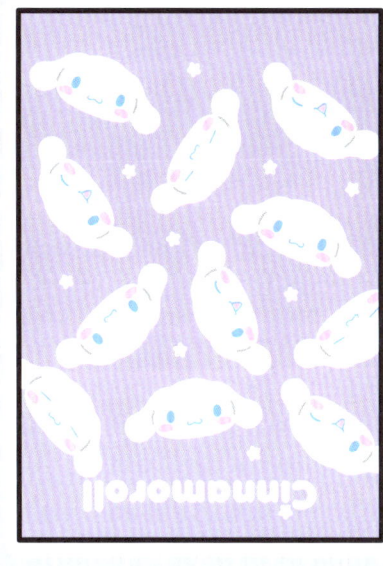

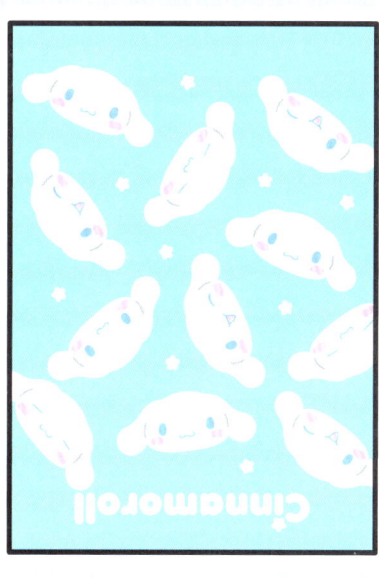

산리오캐릭터즈의 캔디 가챠 스쿼시 — 단면 코팅

산리오캐릭터즈의 캔디 가챠 스퀴시 · 단면 코팅

144

산리오캐릭터즈의 캔디 가챠 스퀴시 — 단면 코팅

산리오캐릭터즈의 젤리컵 박스   코팅 X

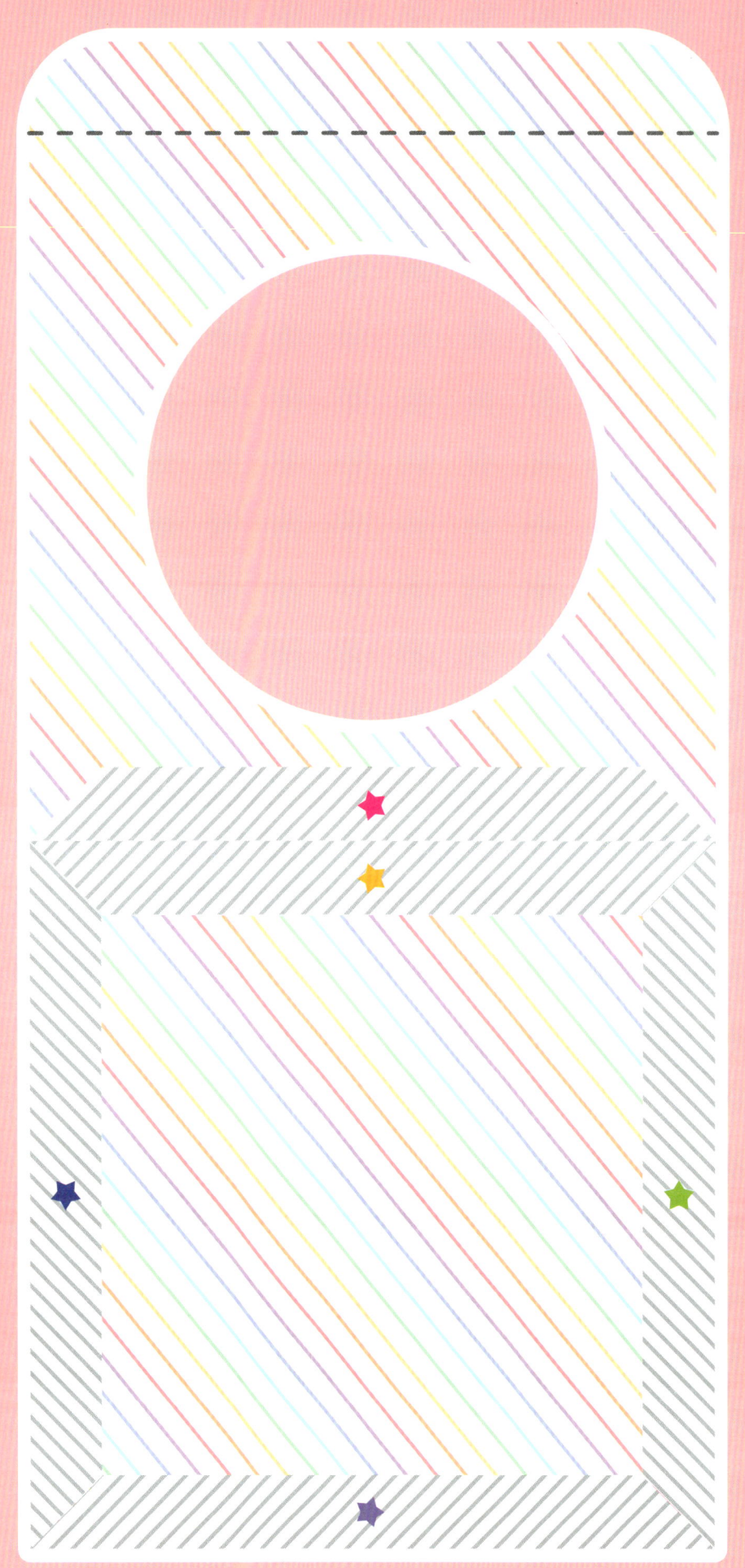

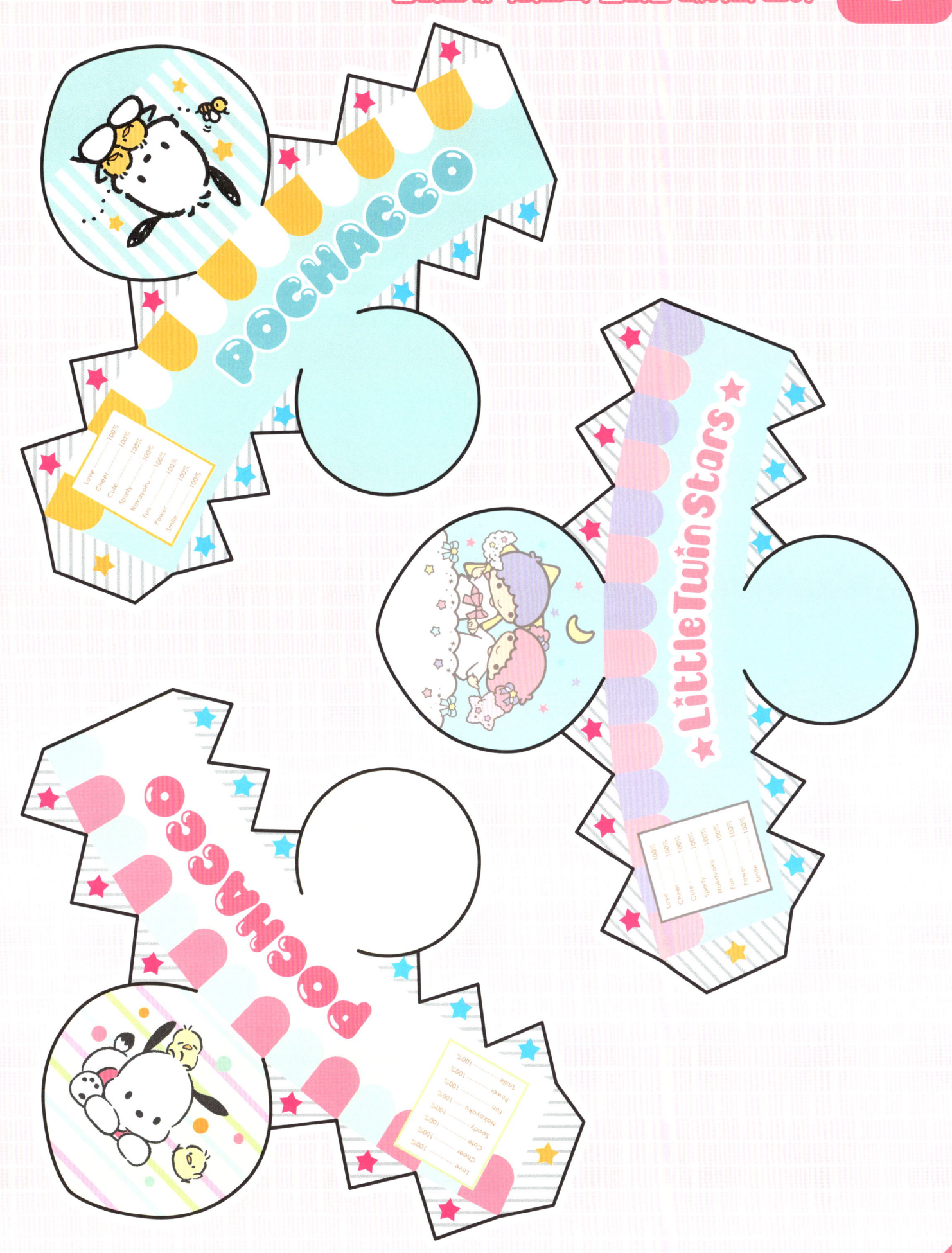

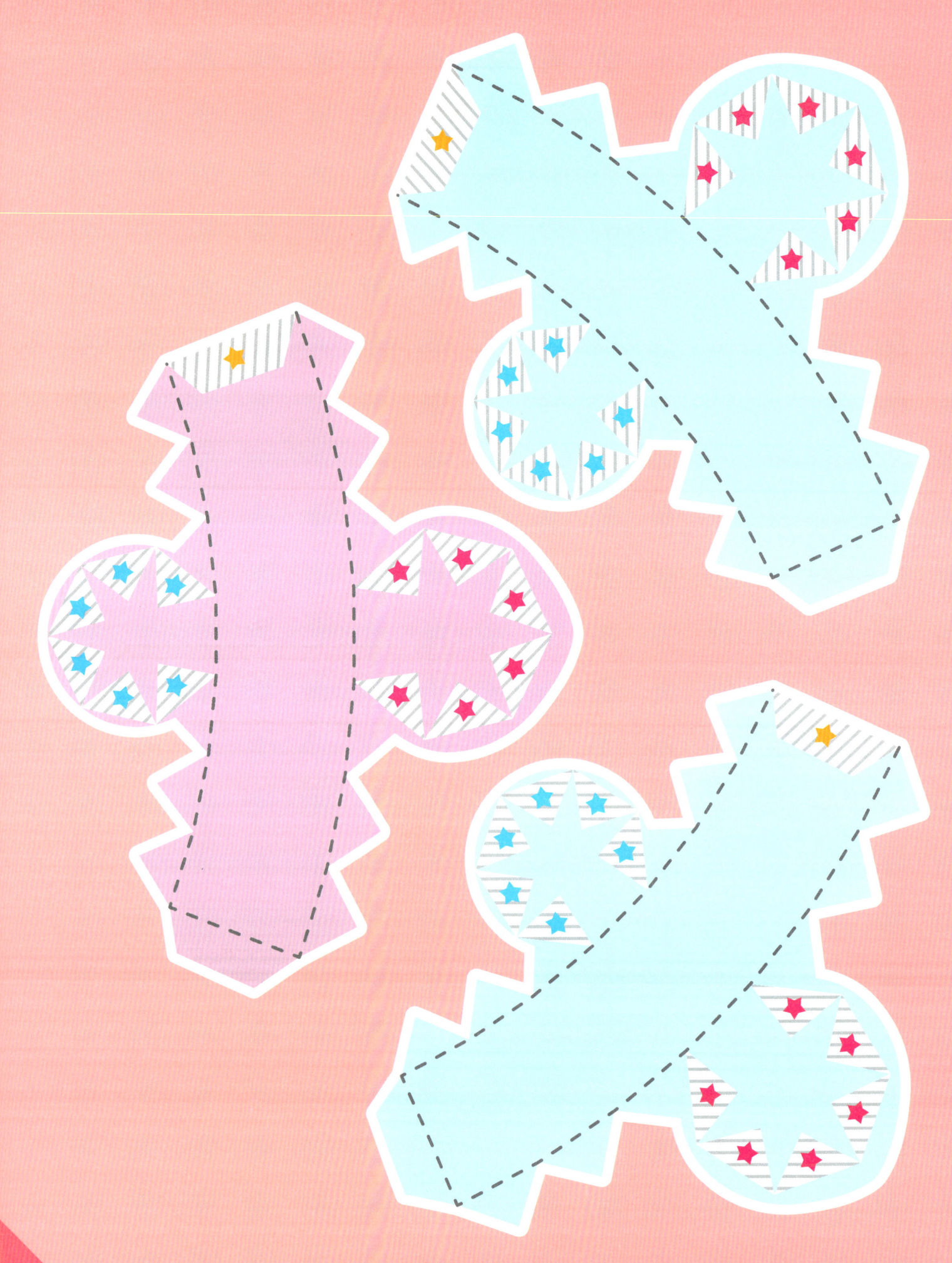

산리오캐릭터즈의 밀키트 봉투 | 코팅 X

산리오캐릭터즈의 밀키트 봉투　코팅 X

POCHACCO
It's so wonderful to enjoy all-time favorites in a quaint, little café with a yesteryear vibe.

Love	100%	Nakayoku	100%
Cheer	100%	Superstar	100%
Cute	100%	Fun	100%
Sporty	100%	Power	100%
Worldwide	100%	Smile	100%

© '23 SANRIO

LITTLE TWIN STARS
It's so wonderful to enjoy all-time favorites in a quaint, little café with a yesteryear vibe.

Love	100%	Nakayoku	100%
Cheer	100%	Superstar	100%
Cute	100%	Fun	100%
Sporty	100%	Power	100%
Worldwide	100%	Smile	100%

© '23 SANRIO

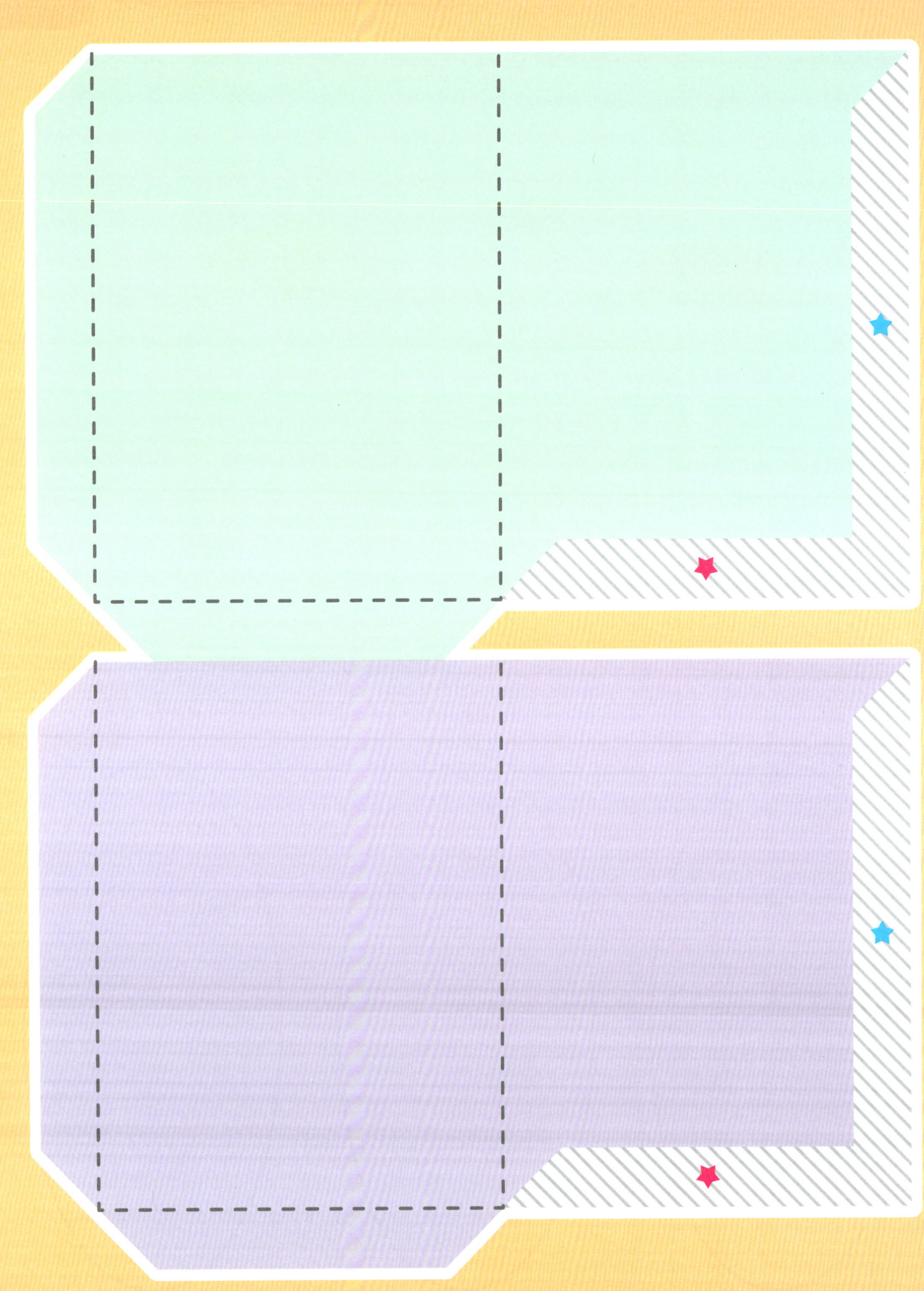

산리오캐릭터즈의 밀키트 봉투 — 코팅 X

산리오캐릭터즈의 밀키트 접시 — 양면 코팅

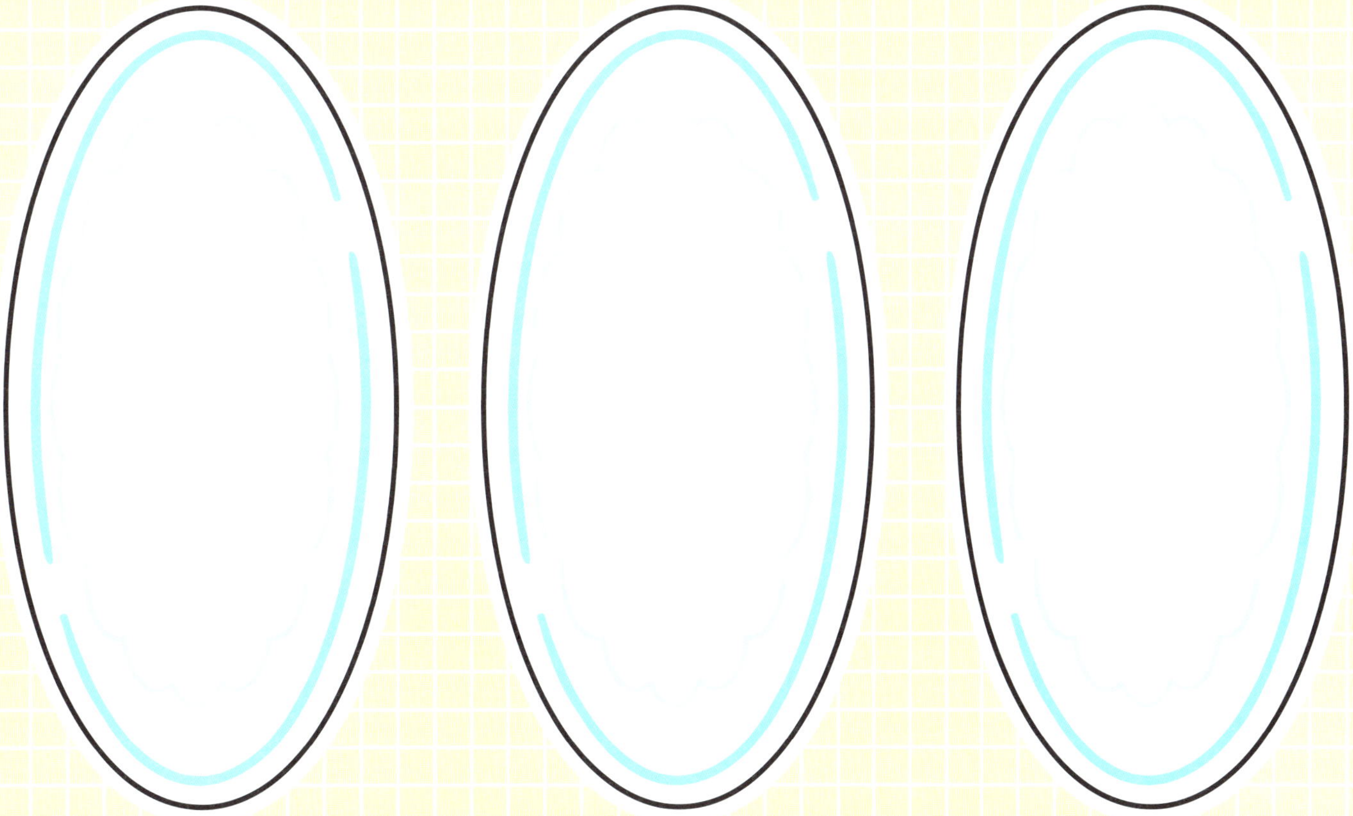

167

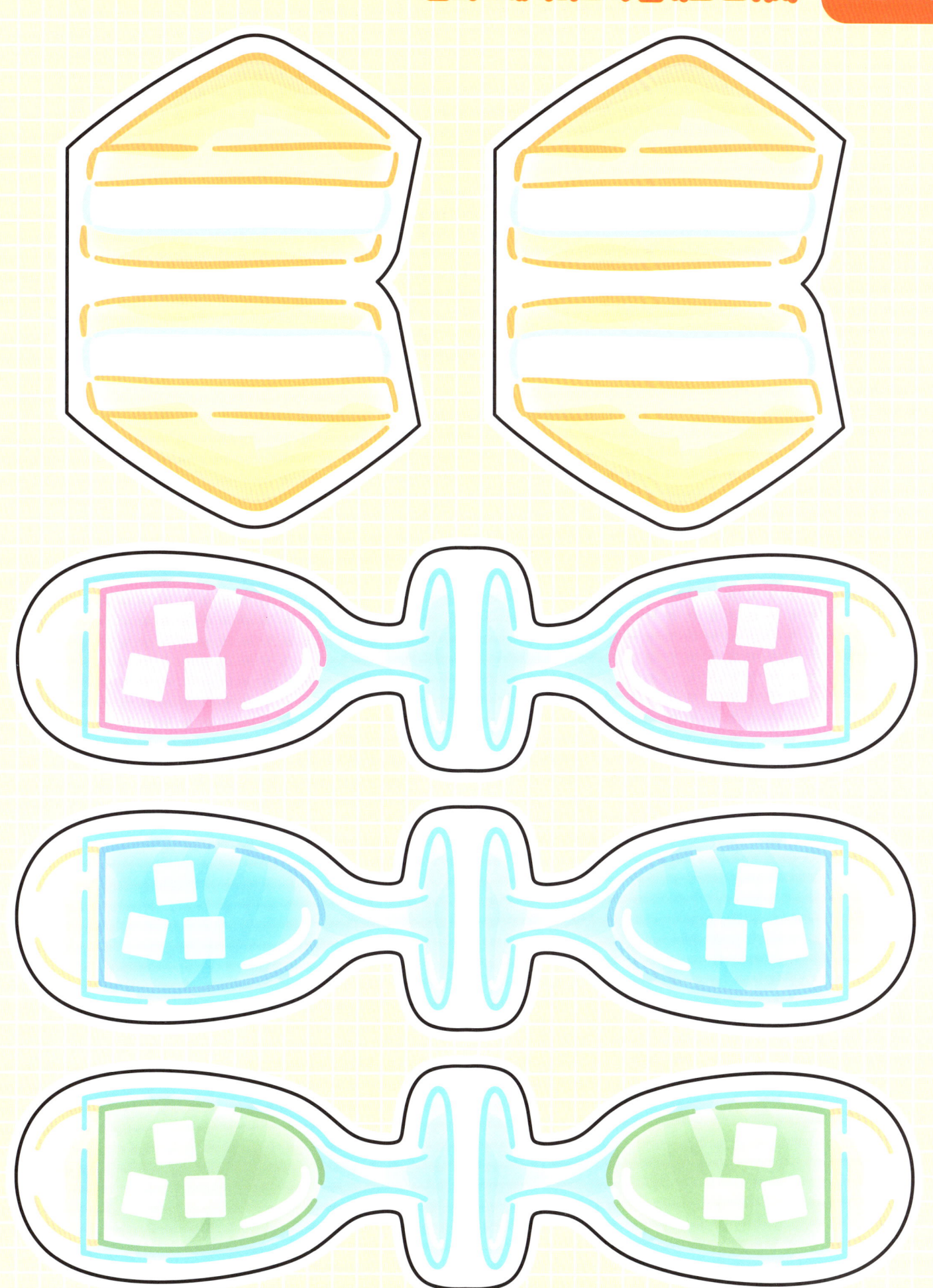

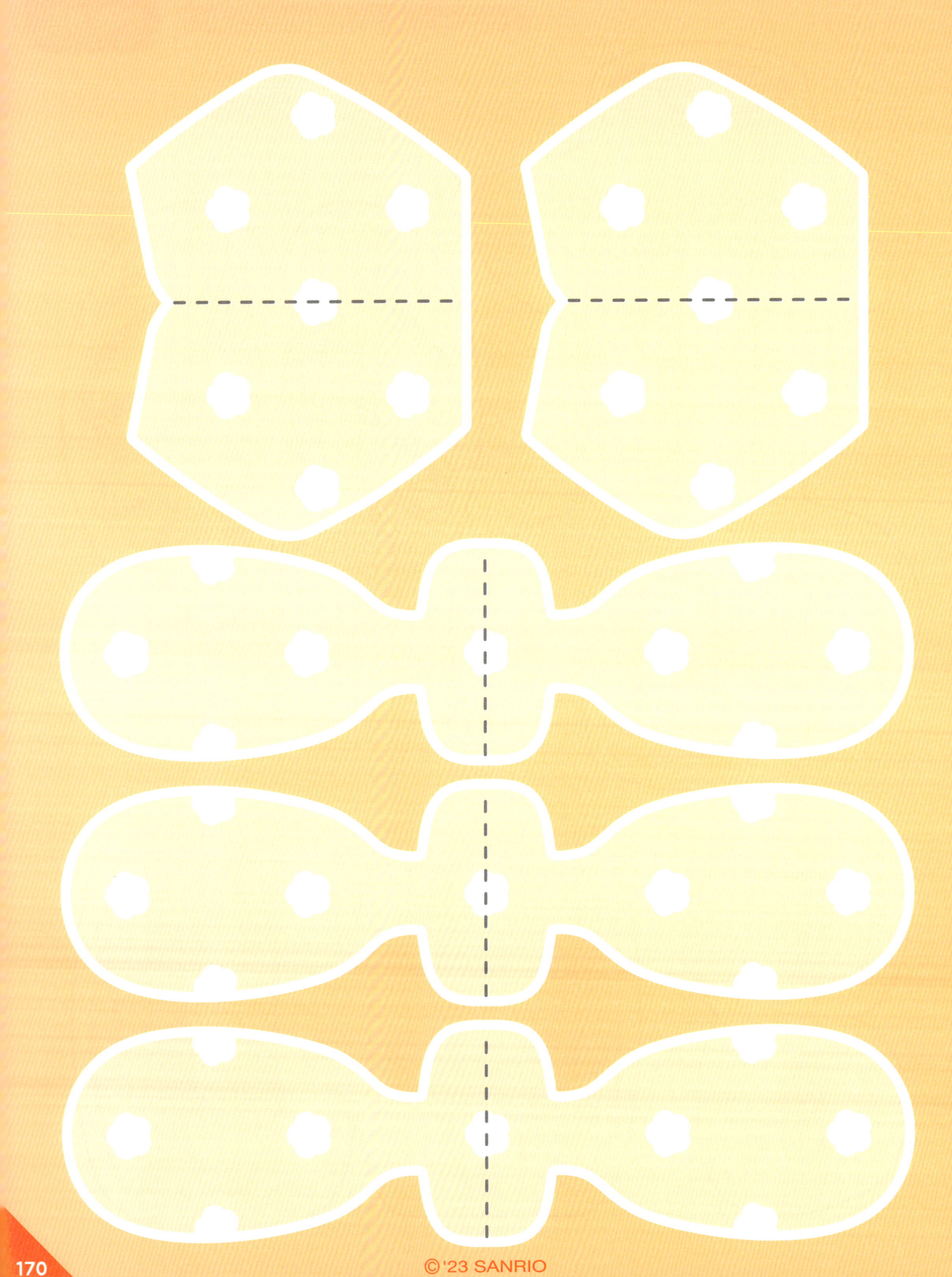

산리오캐릭터즈의 밀키트 스퀴시 | 단면 코팅

171

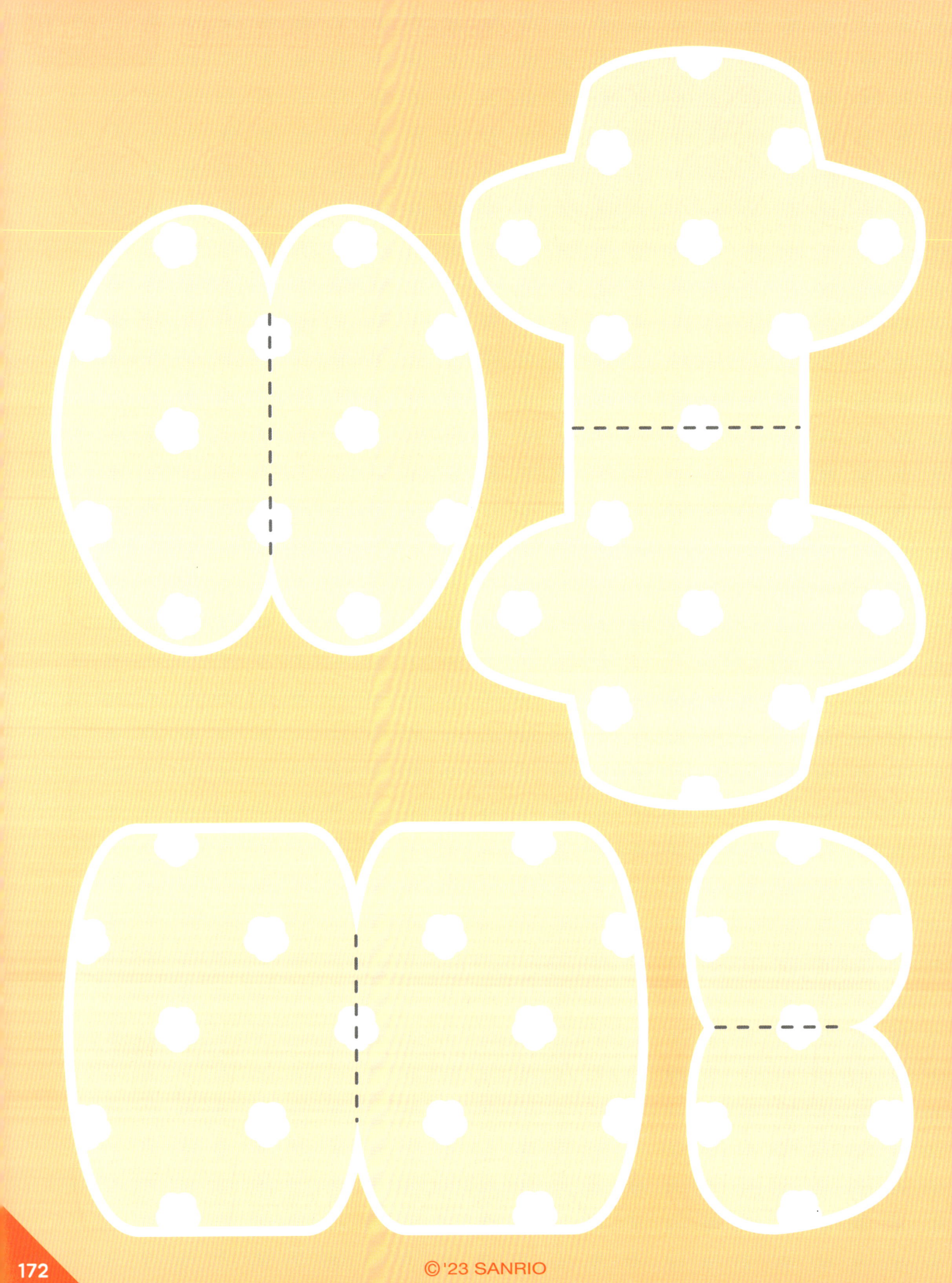

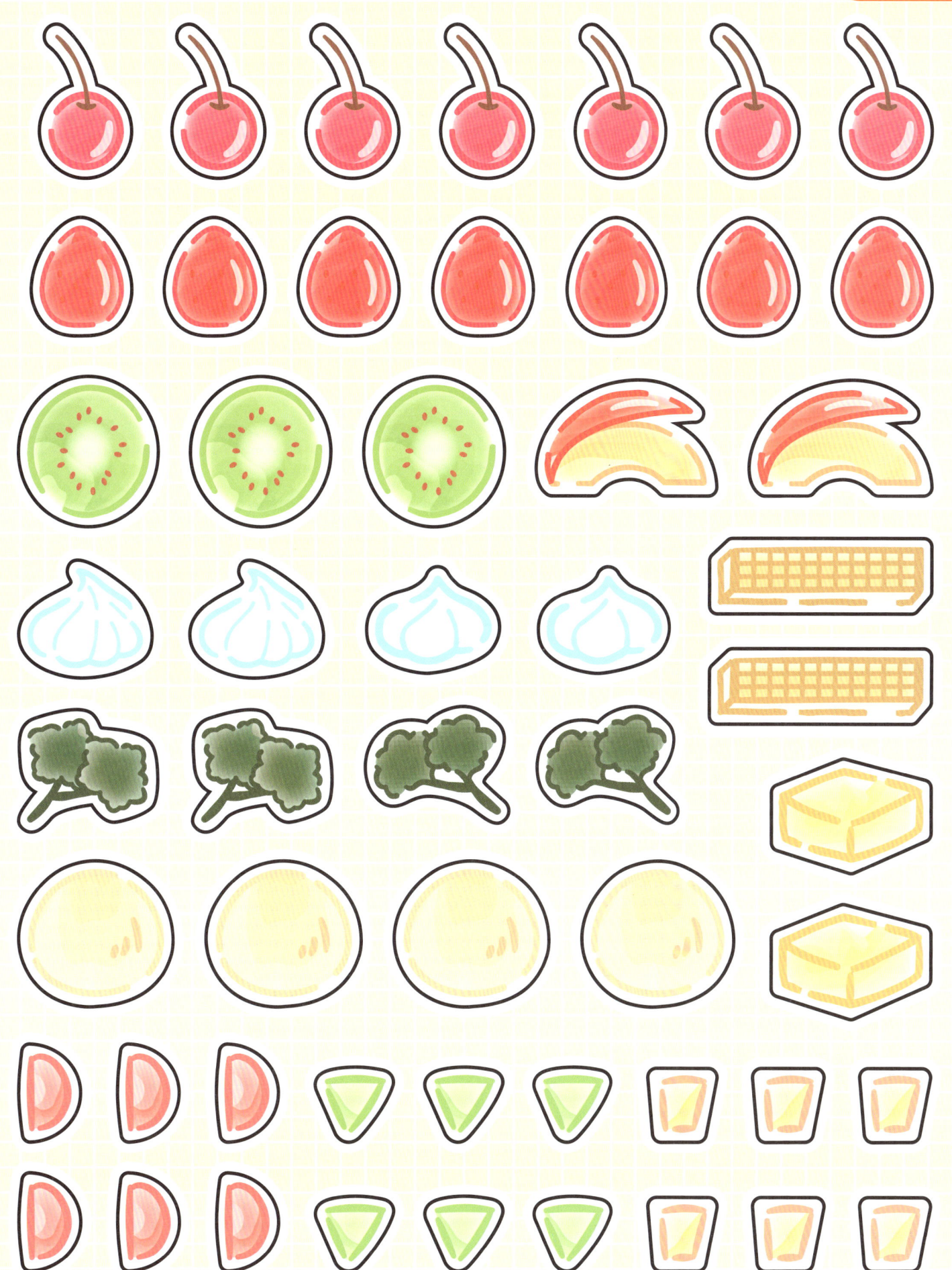

산리오캐릭터즈의 달콤카라멜 박스 코팅 X

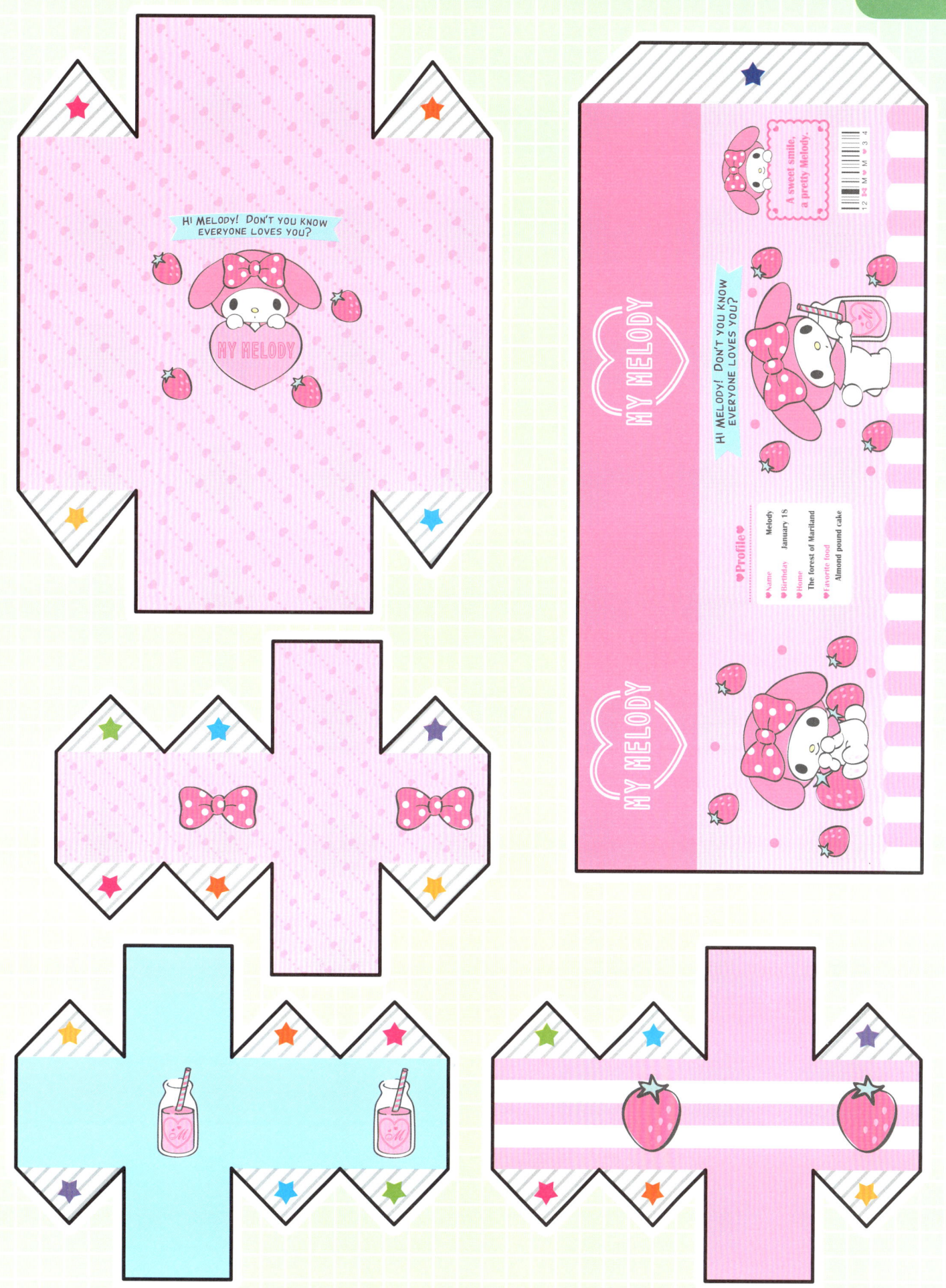

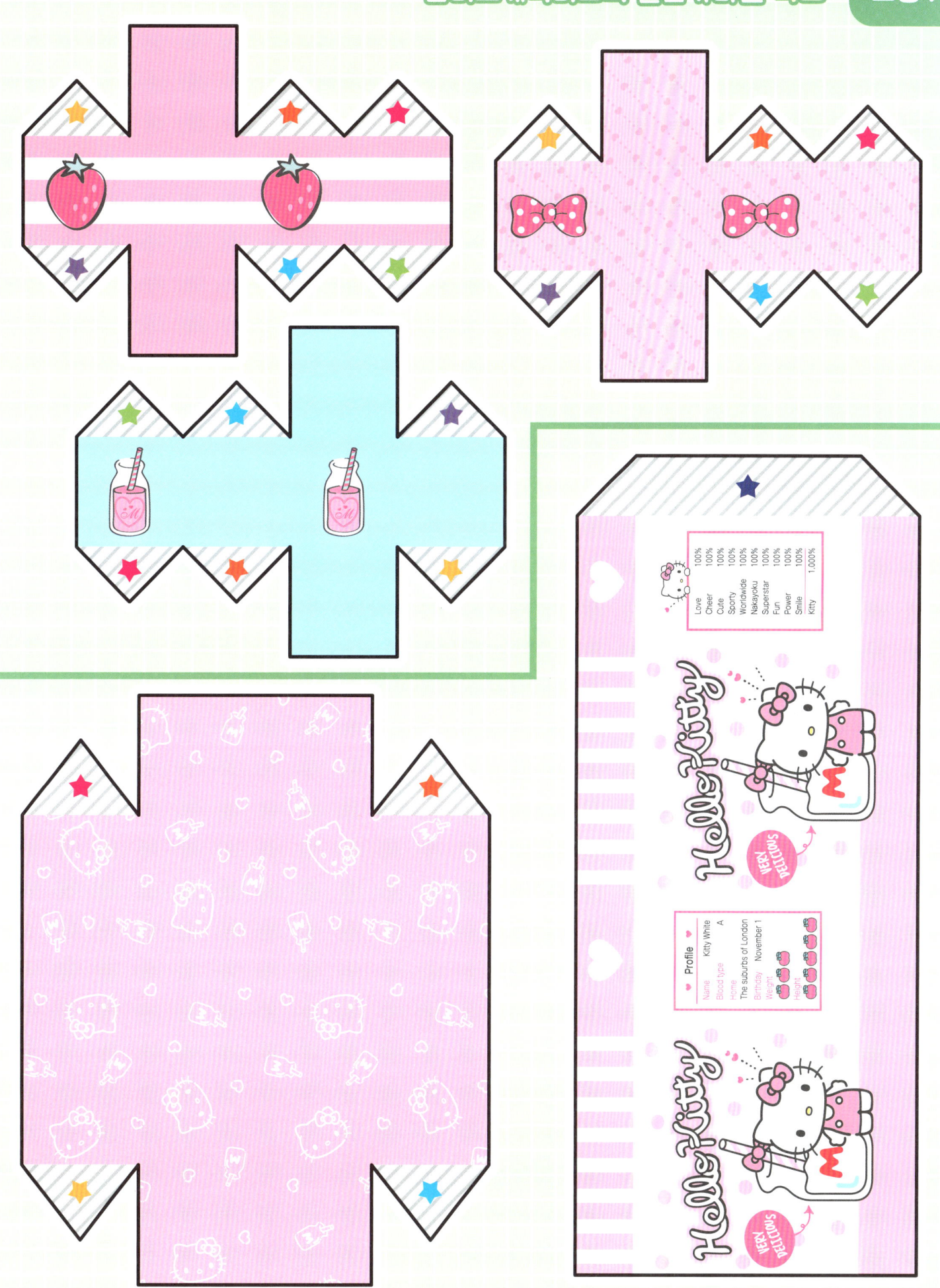

산리오캐릭터즈의 달콤카라멜 박스 — 코팅 X

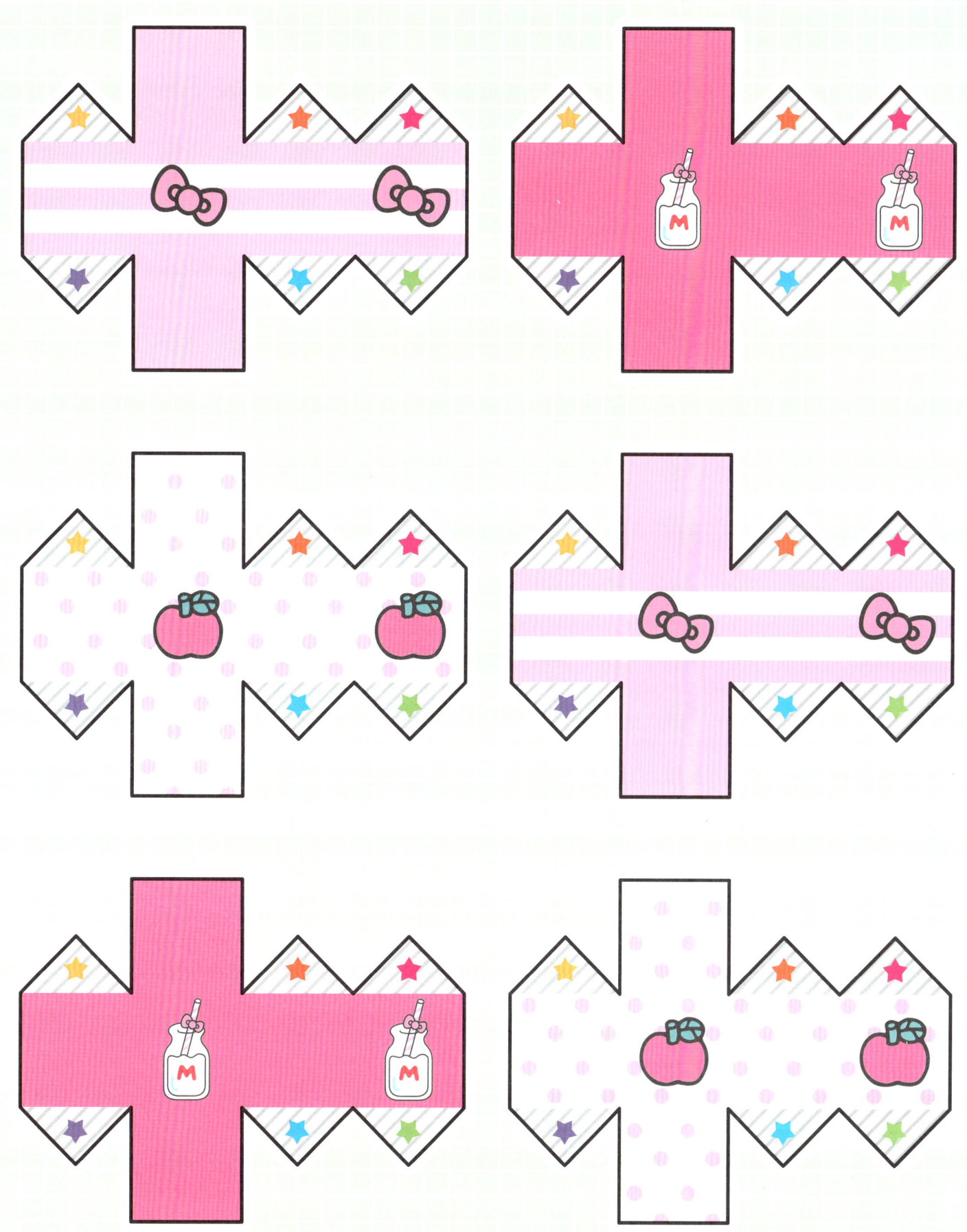

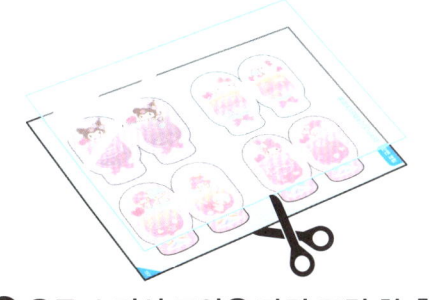
❶ 음료 스퀴시 도안을 단면 코팅 한 후, 가위로 오려주세요.

❷ <스퀴시 만드는 방법>으로 음료 스퀴시를 만들어 주세요.

완성! 12개의 음료 스퀴시를 모두 만들어보세요.

산리오캐릭터즈의 카페음료 스퀴시 — 단면 코팅

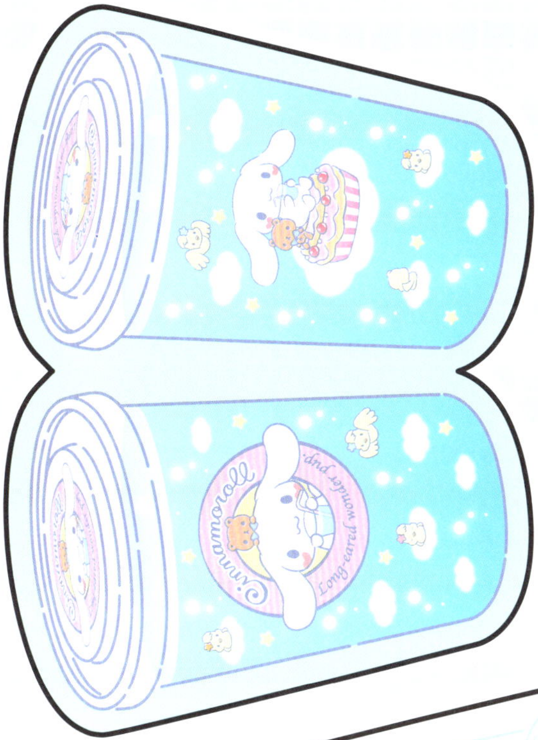

산리오캐릭터즈의 카페음료 스퀴시 단면 코팅

© '23 SANRIO

산리오캐릭터즈의 카페음료 스퀴시 | 단면 코팅

2023년 7월 30일 1판 1쇄 발행
2025년 11월 11일 1판 12쇄 발행

발행인 황민호 **콘텐츠3사업본부장** 석인수 **책임편집** 박소연 **디자인** BjuDesign
발행처 대원씨아이(주) www.dwci.co.kr **주소** 서울시 용산구 한강대로 15길 9-12
전화·편집 02-2071-2155 **영업** 02-2071-2066 **팩스** 02-794-7771 **등록번호** 1992년 5월 11일 등록 제3-563호
ISBN 979-11-7062-656-5

※ 본 제품은 (주)산리오코리아와 (주)대원씨아이와의 라이선스 계약에 따라,
한국 내에서만 판매를 허락받은 제품이며, 본 제품 및 캐릭터의 무단 복제를 금합니다.
※ 잘못된 도서는 구입하신 곳에서 교환해 드립니다.

인기도서로 만나는
사랑스러운 산리오캐릭터즈!

산리오캐릭터즈와 함께하는 즐거운 놀이시간

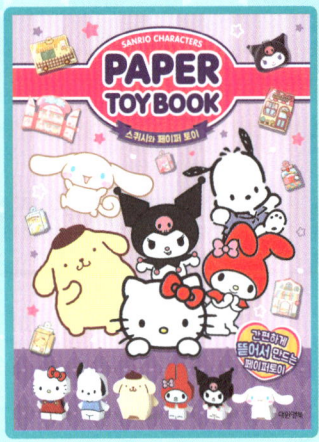
페이퍼토이북

심리테스트 모음집

카드 만들기

숨은그림찾기

귀엽고 다양한 스티커미니북 시리즈

내맘대로 스티커북 3종

트윙클 스티커북 3종

미니 스티커 컬러링북 3종